[シリーズ]メディアの未来❿

media & rhetoric
メディア・レトリック論
文化・政治・コミュニケーション

青沼 智・池田理知子・平野順也 編
AONUMA Satoru, IKEDA Richiko & HIRANO Junya

ナカニシヤ出版

まえがき

　マス・メディアからパーソナル・メディアに至るさまざまな媒体が網の目のごとく張り巡らされた現代社会は，いわばコミュニケーション「不可避」社会です。特にインターネットやケータイ，スマホなど，電子メディアが広く普及した21世紀の世界では，コミュニケーションから逃れることはほぼ不可能といえるでしょう。友人のLINEメッセージに返信する，人気YouTuberの投稿を楽しむ，有名人のTwitterをフォローする，Facebookの書き込みに「イイね」をクリックする。これらは私たちにとって日常のありふれた行為です。そして私たちは，ある時は自発的に，またある時は強制的に，さらに意識する／しないにかかわらず，それらのコミュニケーションに絶えず参加しているのです。

　そして，これら一つひとつの何気ないコミュニケーションが積み重なり，それが「バイラル（viral）」に拡散し，やがて社会の規範を形作り，それが文化（カルチャー）と呼ばれるものになります。文化は，なにもミュージアムでガラス越しに見る芸術作品やコンサートホールのステージで演奏されるクラッシック音楽，ましてや国が「重要文化財」として認めたもの・ことのみを指すことばではありません。文化の可能性や「ネタ」は，日常のいたるところに存在するといっても過言ではないでしょう。意識的にせよ無意識的にせよ，文化とは私たちのコミュニケーション実践が生み出すものなのです。

　本書では，こういった文化を生成するコミュニケーションの力がどういうものなのかを検証していきます。加えて，そのような力についての理論・技術体系である「レトリック」について，具体的な事例を通して学んでいきます。「効果的な演説の技法」として古

代ギリシャ・ローマで栄華を極めたレトリックは、紆余曲折を経て、現在ではコミュニケーション理論の礎となりました。この古くて新しいレトリックは、私たちが21世紀のメディア社会において文化を論じる際にも必ずや手助けとなってくれるはずです。

本書は、大きく分けて次の三つの部分から構成されています。

まず第I部「コミュニケーションの基礎」では、コミュニケーション理論としてのレトリックと、マンガ、流行歌、映像作品といったポピュラー・カルチャーとの接点および「共犯関係」について概説します。

次に第II部「レトリックと政治」では、政治というこれまでレトリックがその力を最も発揮してきた公的領域・公共圏（the public sphere）に焦点をあて、そこでのコミュニケーションの働きについて論説します。

そして第III部「メディア表象と社会」では、これまでの考察をもとに、表象行為のコミュニケーションとしての作用について、SNS（ソーシャル・ネットワーク・サービス）、スポーツ、広告、「イベント」など、現代社会におけるいくつかの具体的な事象を取り上げ、それらをレトリックの知見から論述します。

前世紀末、プライベートな事柄について芸能レポーターに問われ、「不倫は日本の文化です」という言い訳を残したかつての「トレンディードラマ」俳優が、その約20年後、フィクショナルなドラマの枠組みを飛び出し、国会議事堂正門前に集まった多くの人びと共に、公然と「戦争は文化ではありません！」と叫び、その模様がインターネットを通じ全世界に拡散しました。それが21世紀の日常です。本書が、そのような善と悪、現実と虚構、公と私が入り乱れる現代社会を賢く生き、文化の生成のプロセスに建設的に関わっていくための何かしらのヒントを提示することができればうれしく思います。

最後に，本書の執筆にあたっては多くのみなさまのお力添え・励ましをいただきました。特に，ナカニシヤ出版編集部の米谷龍幸さんの存在なしには，本書の刊行はありえませんでした。この場を借りて，お礼を申し上げたく思います。

2018 年 3 月

編者代表

青沼　智

目　　次

まえがき　*i*

第Ⅰ部　コミュニケーションの基礎

第1章　コミュニケーションと文化 ─────── 3
メディアが伝える時代のリアリティ　　（池田理知子）
1　文化とコミュニケーションの関係　*4*
2　コミュニケーションの定義　*5*
3　文化を取り巻く状況　*6*
4　劇画とその時代背景　*8*
5　〈メディア＝媒体〉とメッセージ　*10*
6　文化と私たちの関わり　*12*

第2章　言語コミュニケーション ─────── 15
レトリックのカノンとメディアとしてのことば　　（青沼　智）
1　メディアとしてのことば　*16*
2　ことばの技術とレトリック　*17*
3　ことばの力と「じゃじゃ馬（ならし）」　*20*
4　ことばの力を引き受けること　*22*
5　レトリックとその限界　*26*

第3章　非言語コミュニケーション ─────── 29
雄弁な身体と挙動　　（平野順也）
1　身体のコミュニケーション　*30*
2　レトリックと身体　*31*
3　衣服に管理される身体　*36*
4　身体に何を語らせるか　*38*

第II部　レトリックと政治

第4章　「旧修辞学」の復権 ―――――――――――――― 45
話芸の伝統，グレコ・ローマンの伝統　　　（青沼　智）

1　話芸とレトリック　　46
2　旧修辞学の不遇と復活　　47
3　現代日本のレトリック感覚　　49
4　「道なき道，反骨の」　　51
5　ポピュラー・カルチャーとレトリックの伝統　　53

第5章　新しいプロパガンダの時代 ―――――――――― 57
魅力的なイメージに潜むメッセージ　　　（平野順也）

1　大統領に宛てた少女の手紙　　58
2　凶暴なプロパガンダ　　59
3　新しいプロパガンダ　　61
4　政治家のイメージ戦略　　64
5　宣戦布告演説に隠されたメッセージ　　66
6　レトリックの功罪　　67

第6章　レトリックを演じる人びと ―――――――――― 71
ポピュラー・カルチャーとパフォーマー　　　（青沼　智）

1　「10代の教祖」の卒業ソング　　72
2　ポピュラー・カルチャーの危険なレトリック　　73
3　阪神淡路大震災と「出前ライブ」　　75
4　「3・11」後のポピュラー・カルチャー　　77
5　パフォーマーとしてのオーディエンス　　81

第7章　革命は放映されない ――――――――――――― 85
ギル・スコット＝ヘロンと斎藤隆夫　　　（青沼　智）

1　コミュニケーションの記憶　　86
2　想起するメディアと時空間を超えるレトリック　　87
3　テレビが伝えること・伝えないこと　　88
4　黒塗りの「日報」と日本のマーク・アントニー　　91
5　「記録」にございません　　95

第Ⅲ部　メディア表象と社会

第8章　広告と消費の誘惑 ――――――――――――― 99
　　　隠された旨趣を読み解く　　　　　　　　（平野順也）
1　説得と同一化　*100*
2　レトリックとしての広告　*101*
3　「消費のスター」とイデオロギー　*103*
4　広告の鎖と誘惑　*106*
5　堕落した詩法　*108*

第9章　Instagram のレトリック ――――――――――― 111
　　　演出される「リア充」の世界　　　　　　（田島慎朗）
1　デジタル・レトリック　*112*
2　Instagram のレトリック　*113*
3　アピールされる「海外っぽさ」　*115*
4　リア充「風」礼賛の世界と神話作用　*117*
5　レトリックの現代的意義と可能性　*119*

第10章　スポーツのメディア表象 ―――――――――― 123
　　　映像を通した国民的同一化をめぐって　　（有元　健）
1　物語化されるスポーツ・コンテンツ　*124*
2　「政治的」な画面とステレオタイプ化される語り　*125*
3　スポーツメディアが見せる「夢」　*132*

第11章　「異なる身体」の表象 ―――――――――――― 135
　　　ダイバーシティ言説とネオリベラルな健常主義　（井芹真紀子）
1　マイノリティをめぐる語り　*136*
2　「ダイバーシティ」とマイノリティの包摂　*137*
3　ネオリベラリズム体制とフレキシビリティの要請　*138*
4　「スーパーヒューマン」という表象　*141*
5　「適者生存」が覆い隠すもの　*144*
6　「できなくさせる社会」を変えていくために　*145*

第 12 章　性的マイノリティへのまなざし ——————— 149
レズビアン表象をめぐるジレンマ　　　　　　　　（佐々木裕子）
1　ポジティブな性的マイノリティの内実　*150*
2　レズビアンへのまなざしがもたらすジレンマ　*151*
3　同性カップルと「わかりやすい」幸せ　*155*
4　ハッピーエンドを拒むという選択　*157*
5　性的マイノリティをとりまく社会的・文化的状況　*160*

第 13 章　氾濫する英語のレトリック ——————— 163
記号化することばと世界　　　　　　　　（平野順也・青沼　智）
1　ことばと人間　*164*
2　言語帝国主義と俗語のはざま　*165*
3　ベーシック・イングリッシュという「記号」　*168*
4　言語の標準化・記号化と抵抗のことば　*170*
5　世界の脱記号化とレトリックの復興　*173*

事項索引　*177*
人名索引　*179*

第 I 部　コミュニケーションの基礎

第 1 章　コミュニケーションと文化
　　　　　メディアが伝える時代のリアリティ
第 2 章　言語コミュニケーション
　　　　　レトリックのカノンとメディアとしてのことば
第 3 章　非言語コミュニケーション
　　　　　雄弁な身体と挙動

第 1 部「コミュニケーションの基礎」では，本書のキーワードであるコミュニケーションやレトリックについて，またそれらとポピュラー・カルチャーとの関係について概説する。コミュニケーション学の文脈のなかでレトリック研究やメディア研究はどのように位置づけられるのか，ポピュラー・カルチャー研究はこれらの研究領域の地平をいかに拡大するのかが明らかになるだろう。

　第 1 章「コミュニケーションと文化」では，マンガの創造そして解釈という活動を，他者との関係性，説得というコミュニケーションの特色をもとに紐解いていく。社会の段階的組織構造が強固であるように，「文化」，もしくは芸術活動も知的な「高級な文化」と主に消費を目的とした「下級の文化」という階層構造によって区別される。本章は，この区分を超域したマンガの姿を説明し，マンガを権力や社会問題に対するオルタナティブ・メディアとして捉える。たとえばマンガ版の『仮面ライダー』が当時の環境問題をテーマにし，そこに社会的なメッセージが織り込まれていたという事実からも，マンガが単なる「低級」文化ではなく，啓発を目的としたレトリカルな「芸術活動」として機能していることが理解できる。

　第 2 章「言語コミュニケーション」は，ことばの力に焦点をあて，レトリックの効果と限界について説明する。映像や音声によるメディアが氾濫している現代においては，ことばの力が弱化していると指摘することができるが，実はそうではない。現代においても，ことばは社会を形作る重要なメディアである。ことばの性質を理解し，意図した結果をもたらすためには，レトリック的視座が必要となる。なぜならば，レトリックはことばを駆使し効果的な説得を行う術であると同時に，ことばがもつ制御不能な「じゃじゃ馬」的性質を含んでいるからだ。このようなことばの複雑な性質は，本章が分析しているロックバンドの頭脳警察からも理解することができるだろう。

　第 3 章「非言語コミュニケーション」では，レトリックを身体操作や衣服といった非言語コミュニケーションの側面から分析する。私たちは身体を「ことば」のように操作し他者を説得しようとする。ときには，些細な身体の動きが「ことば」以上に大きく語りかけることがある。私たちは自分たちの身体を自由に操作し，好みに合わせて衣類を選択していると考えているかもしれない。しかし，ことばが「じゃじゃ馬」であるように，身体もまた私たちを翻弄させることがある。たとえば，ハロウィーンでは多様な衣装に身を包んだ人びとが街にあふれるが，これらの衣装は参加者の「個性」なのか，それとも参加者が纏わなくてはならない「制服」なのか。本章は身体操作や衣装の効果に着目し，自由と統制そして管理と抵抗というレトリックの二元的性質について説明する。

第1章

コミュニケーションと文化
メディアが伝える時代のリアリティ[1)]

池田理知子

2016年10月,米国のシンガーソングライターであるボブ・ディランがノーベル文学賞に決まったというニュースが流れ,世界中の人びとを驚かせた。これまで小説や詩といった作品を発表した人物に与えられる賞だと思われていただけに,否定的な意見も多く出ることは予想されていたが,今でも「高級文化」と「低級文化」を区別する意識がこれほど強いのかとあらためて思い知らされることになった。仮にこうした区分に従うとすれば,マンガやアニメといった文化の「輸出大国」である現代の日本は,「低級文化」が氾濫する国ということになる。しかもその輸出を政府が積極的に後押ししているのである。捉え方によっては,高級と低級とに文化を区別することは今では時代遅れだというメッセージとみなすこともできる。もはや「低級」だと思われていた文化の力を「国家」でさえも無視することはできないのだ。

The Freewheelin' Bob Dylan
(Bob Dylan, 1963年, Columbia Records)

1 文化とコミュニケーションの関係

　1970年代前半の時代の空気を伝えるフレーズの一つに,「右手にジャーナル,左手にマガジン」というのがある。ジャーナルは『朝日ジャーナル』(朝日新聞社発行)で,マガジンは『週刊少年マガジン』(講談社発行)のことを指しており,日米安全保障条約への反対運動や全共闘,新左翼運動に代表されるような既成の権威に対する若者の抵抗を象徴する表現の一つであった。1959年に創刊し,1992年に廃刊した『朝日ジャーナル』[2]は,当時の「全共闘世代」と呼ばれた若者たちに支持された硬派な週刊誌であったが,『週刊少年マガジン』がそれと同列で語られたことの意味は小さくない。

　マンガが質量ともに充実してきたのが1960年代から70年代にかけてであり,それは劇画が台頭し,広まってきたことと大いに関係する。劇画とは,「従来のマンガが子供向けだったのに対し,子どもから大人の過渡期,すなわち青年を読者対象にした」もので(吉村,2015：113),写実的になった絵のみならず,作品のテーマや話の展開もそれまでの単純なものではなく,社会性を帯び,かつストーリーが複雑になったものを指している。そのような劇画を中心に据えることで青年層に受け入れられたのが,『週刊少年マガジン』であった。このマンガ雑誌が『朝日ジャーナル』とともに大きな社会的影響力をもっていたことを象徴しているのが,1970年に歌人で劇作家の寺山修司が,この雑誌に連載されていた『あしたのジョー』[3]の劇中で主人公の矢吹丈とのボクシングの死闘の末に亡くな

---

1) 本章は科研費(16K04096)の助成を受けた研究内容を含む。
2) 1960年代のピーク時には発行部数が27万部にまで達した(竹内,2011：440)。
3) 1970年3月31日,共産主義者同盟赤軍派を名乗る9名が日本航空機よど号をハイジャックし,ピョンヤンに向かわせた。その事件の声明文のなかにも,「われわれは明日(ママ)のジョーである」という一文が記されていた。

った力石徹の「葬儀」を主催したことだ。マンガというポピュラー・カルチャー（☞第6章）が、「葬儀」への参列を人びとに促したのである。つまり、ある一定のコミュニケーションが文化によってつくられることをこの事例は示しているのだといえる。また逆に、文化がコミュニケーションによって生まれうる場合もあり、それについては後述する。

図 1-1 『あしたのジョー』第1巻[4]（原作：高森朝雄／漫画：ちばてつや，1970年，講談社）

　本章では文化がコミュニケーションとどのような関係にあるのかを読み解くとともに、「マンガ」と「公害」を鍵語に、ポピュラー・カルチャーと私たちの関わりについて考える。

2 コミュニケーションの定義

　コミュニケーションはキャッチボールにたとえられることが多い。このたとえは、相手との言語的・非言語的なメッセージの交換によってお互いがわかりあうためのプロセスであるとするコミュニケーションの定義が前提となっており、対人でのやりとりがそこでは主として想定されている。本書が主題とするレトリック（☞第2章）に照らし合わせて考えるとするならば、一対一、あるいは一対多数といったお互いの顔が見える形での説得行為を行うコミュニケーションの場面が浮かんでくる。しかし現代のレトリックは、私たちがほとんど自覚することなく「説得」を受けていること——たとえば社会的な規範に私たちが縛られていることなど——を抜きにして語ることはできず、そうした現象をキャッチボールの比喩で説明する

---

[4] http://kc.kodansha.co.jp/product?isbn=9784061090804 （最終確認日：2017年8月11日）

には限界がある。したがって，コミュニケーションとは他者との関係性により意味が構築されるプロセスであるといった広義の捉え方が求められることになる。

　ここでの「他者」が含意するものは多様である。たとえばマンガを読むという行為は，さまざまな「他者」との「対話」を意味する。マンガの作者や登場人物，ひいてはそれを掲載している本や雑誌が読者の手に届くまでに関わった人たちとの「対話」も含まれるはずだ。また，力石徹の「葬儀」に集まった人たちがそうだったように，違った場所で同じマンガを読んでいた人とのつながりも考えられるだろう。さらには，時が経ち再読した場合に，以前はどこにいて何を考えていたのかを思い出すことでかつての自分とも出会えるかもしれないのだ。このように，コミュニケーションをより広義に捉えると，マンガを読むという日常のありふれた行為が複雑で多面的な意味構築のプロセスであることがみえてくる。

❸ 文化を取り巻く状況

　次に，文化について考える。この概念は非常に曖昧で定義するのが難しいといわれており，その曖昧さゆえに政治的に利用されやすく，誰がどういう意図でその概念を使っているのかが問われなければならない。しかもそうした政治性があたかも中立を装うかのような体裁を繕っている場合が多いこともまた確かである（サイード，1993）。たとえば歌舞伎を日本の「伝統文化」と名づける行為は一見すると政治的に中立であるかのように思えるが，そこに見え隠れするのは日本人としてのアイデンティティを必要以上に強調し，利用したい人たちの思惑ではないだろうか。

　「マンガは文化である」，あるいは「マンガは＊＊文化である」といった発話は，誰がそれを口にするのかで意味が変わってくる。本

章の扉で紹介した，マンガやアニメと日本文化を結び付けるクールジャパン政策から読み解くべきは，経済的成長の起爆剤としてそうしたポップ・カルチャーを利用しようとする意図である[5]。また，町おこしの目玉としてマンガのキャラクターを使用する際にも同様の意図がみてとれる。マンガを文化として捉え，それをアピールすることで観光客を呼び込み，地域の活性化を図ろうとするのである。

　マンガと消費を結び付け，それを文化の名のもとに利用しようとする動きの背景には，次のような捉え方がある。それは，「①マンガは理解が容易で，②興味を持つ人が多く，③多くの人がそれにお金を支払うのを嫌がらないコンテンツ」(山中, 2014：v) だということである。これは「お手軽なもの」というマンガに対する見方とつながっており，かつて「マンガを読むとバカになる」と揶揄された時代があったことと無縁ではないはずだ。そしてそうした評価の延長線上にあるのが，マンガは「文化」の名に値しない，あるいは値するとしてもあくまでも「低級文化」であるというものではないだろうか。

　レイモンド・ウイリアムズ（2002）は，19世紀初頭のヨーロッパにおけるロマン主義運動のなかで，「物質的」で「機械的」な産業文明の台頭への抵抗としての「文化」，すなわち「人間的」な人類の進歩形態を意味するものとして「文化」という言葉が定着したとする。そしてそこから生じたのが，音楽や文学，絵画，演劇などのいわゆる知的な芸術活動を「文化」とする用法だとしている。ここに，〈高級文化＝ハイカルチャー〉が「真の文化」で，それ以外は「非文化」，あるいは〈低級文化＝ローカルチャー〉であるという区分が生まれたのであり，現在においてもこの境界をはっきりさせよ

---

5) クールジャパンを推進している主体が経済産業省であることから，それが経済的な利益を目的としたものであることは間違いないだろう。

うとする力が強いことは本章の扉で示した通りである。

しかし，吉見俊哉が指摘するように「20世紀を通じ，「文化」を語り擁護する多くの知識人が，繰り返し「文化」以上の文化，ロマン主義的な文化概念ではどうにも対処できない文化状況」（吉見, 2003：25）が生まれているのを感じていることは確かで，そうした状況を読み解くには「高級／低級」といった区分を無効化する必要がある。このような手続きをとることによって，ようやくポピュラー・カルチャーを取り巻く状況が分析可能となる。

4 劇画とその時代背景

1960年代から70年代にかけて青年層を中心に受け入れられた劇画は，その時代の社会の動きに敏感であった。新聞やテレビといったメディアが報じる出来事や事件をコンテンツに組み入れ，その時代のリアリティを伝えるようなつくりの作品が少なからずあったことがそれを示している。時代の空気とは，その社会を生きる人たちのさまざまな関係性が絡み合ってつくり出されるものであり，いわば集合的意識とでも呼べるものである。経済的な繁栄を謳歌する都会の生活から遠く離れた下町の片隅で必死に生きようとする『あしたのジョー』の登場人物に共感する若者たちの言動，つまり〈コミュニケーション＝他者との関係性〉が時代の空気をつくり出し，それが当時の劇画を主流とした新たなマンガ文化を生み出したということになるだろう。

時代の要請で生まれたそのような劇画から私たちが読み取れるのは，その当時の時代背景である。たとえば，1970年代前半とはどういう時代だったのかが，そこに描かれている「公害」からみえてくる。それは高度経済成長期のピークであり，かつ1973年の第1次石油危機（オイルショック）でそれまで成長の一途をたどってい

た日本経済に陰りがみえはじめた時期だった。そのころ「公害」に関する裁判が行われた四つの地域のニュースがたびたび新聞やテレビで報じられていた。1971年6月にイタイイタイ病の地裁判決が出され，同年9月に新潟水俣病地裁判決とイタイイタイ病控訴審判決，翌年7月に四

図1-2 住宅に隣接する四日市市の第2コンビナート（撮影：澤井余志郎，提供：四日市再生「公害市民塾」）

日市公害地裁判決，そしてその翌年の3月に熊本での水俣病の地裁判決と続く。またこの時期は，こうした「公害」以外にも食品汚染や土壌汚染，水質汚濁，自然破壊，新幹線などによる騒音・振動被害といったさまざまな問題が各地で顕在化していく。実質経済成長率が年平均10％を超えた1955年から73年までの高度経済成長期を経て人びとの暮らしが豊かになった一方で，その陰の部分である環境破壊や健康被害が一気に大衆の前に姿を現したのである。

　「公害」が描写されているマンガは意外と多い。代表的なものをあげると，1970年から71年にかけて『週刊少年サンデー』で連載されていたジョージ秋山の『銭ゲバ』には新潟水俣病を想起させる場面がたびたび登場する。同じく『週刊少年サンデー』で楳図かずおが『おろち』の第8話「眼」で大気汚染が発生した町での殺人事件を描いたのが1970年だった。その他にも水俣病がストーリーに組み込まれた読み切りの作品などがある[6]。

　1970年代前半に発表されたこうした一連の作品をみると，次のような特徴がみえてくる。一つには，作品自体のテーマが家族愛や友情，恋愛といった別のところにあり，「公害」が主要なテーマと

---

[6] 1970年7月7日号の『週刊ぼくらマガジン』に掲載された横山プロ作品『黒い海』や，1973年8月20日号の『週刊少年ジャンプ』に第5回手塚賞佳作入選作として載せられている菅原勝見の『天使になれない』など。

なっているわけではないことである。しかし,物語の「背景」として描かれる「公害」の事件性は,時代の空気を伝えるという重要な役割を果たしていた。つまり,劇画に求められていたリアリティを表現するための一つの手段として,「公害」という社会的事件が作品のなかに組み入れられていたのだった。

　社会的事件は,人びとがそれに対し関心を示し,語られなければそのようには認識されない。たとえば公害病が発生したのは,それらが盛んに報道されるようになった1970年代初頭よりかなり前であったにもかかわらず,公害の確認から認定に至る期間は,報道を含め,全国的なレベルで関心をもたれることはなかった。つまり,マンガ文化に影響を与えるほどのコミュニケーションは起こっていなかったのである。コミュニケーションが「不在」であったため,新たな文化を生み出しえなかったことになる。また,ここで留意すべきはメディア報道と社会的関心のつくられ方との関係ではないだろうか。

⑤ 〈メディア＝媒体〉とメッセージ

　どういったコミュニケーション行為がなされるのかは〈メディア＝媒体〉の違いによっても変化する。たとえば『仮面ライダー』は,マンガとテレビとでは届けられたメッセージに大きな違いが生じている。

　テレビ番組の放映と同時期の1971年に『週刊ぼくらマガジン』(廃刊後は『週刊少年マガジン』に引き継がれる)で連載が始まったマンガ版では,主人公が自然を破壊する「暴力」に対して立ち向かうという「環境問題」がテーマだということがよくわかる内容になっている。したがって,地球征服を狙う秘密結社ショッカーが公害都市川崎に改造人間コブラ男を派遣するという舞台設定で物語が展開

する場面が登場するのもうなずける。しかもその物語の冒頭には，さまざまな公害反対の旗やプラカードをもった大勢の市民が工場前に集まって抗議をしている様子が見開き頁で描かれており，社会的なメッセージがストーリーに組み込まれた劇画であることがみてとれる。

図 1-3 『仮面ライダー』中公文庫コミック版（石ノ森章太郎，1994 年，中央公論社）

ところがテレビ版ではそうしたメッセージが後景へと退き，番組内のアクションに注目が集まる。そして『仮面ライダー』は人気番組となっていく。なかでも主人公の変身場面は重要な要素であり[7]，そのポーズを子どもたちが模倣するという「変身ブーム」が起こり，さまざまな社会現象にまで発展していく[8]。

テレビ版では，劇画がもちえた社会批判的な要素がほとんどみられない。むしろ流行へとつながる大衆迎合的なコミュニケーションしか生み出しえなかったといえる。ここに流行をつくり出す文化と消費社会との結びつきがみてとれるのではないか。

また，少年誌と少女誌の違いにも注意を払う必要がある。劇画が多く掲載されていた少年誌に比べ，そのころの少女誌は男女の恋愛を扱ったマンガがほとんどだった。高度経済成長期の陰の部分を描くといった社会性の強い作品はほとんどなかったといっても過言

---

7) マンガ版ではバイクに乗って風を受け，「風よさけべ 風ようなれ おれのからだの中で うずをまけ 嵐になれ 大自然のエネルギーが このおれの力だ！！」と叫びながら変身する場面が登場する。
8) たとえば，ブームが最高潮に達した 1972 年には，「男子小学生が「変身ごっこ」をして重体」（1972 年 5 月 11 日付『朝日新聞』夕刊 8 面），「「ライダージャンプ」をしていた幼稚園児がビルの屋上から落下し死亡」（1972 年 9 月 18 日付『朝日新聞』朝刊 23 面）といった事件まで起こっている。

ではない。それは当時の男性編集者の意向が反映された結果であり，当時のジェンダー観がここに色濃く表れていると思われる（竹宮, 2016）。

そうしたなかで，萩尾望都の読み切りマンガ『かたっぽのふるぐつ』は異色の作品であった。四日市公害[9]を取り上げたこの作品には，小学5年生の子どもたちが登場する。少年少女は，公害対策をしているから「大丈夫だ」と言う石油コンビナート企業に勤める父親の発言が嘘であることを見抜いたり，学校の教師の言う通りにかんぷまさつで身体を鍛えたとしてもぜんそくには勝てないこと，このままでは病に苦しむ子どもたちを救えないことを指摘する。社会の発展のためには多少の犠牲があったとしてもしかたがない，その犠牲を最小限に抑えるためにそれぞれがリスク管理をしなければならないという「大人の論理」の欺瞞性を暴いているのだ。このように，「公害」という高度経済成長期の陰の部分をあくまでも子どもの視点からあぶりだしている点が，当時としては斬新であったのだが，1971年4月号増刊の少女誌『なかよし』に発表されたこのマンガは，その当時，社会の注目を集めることはなかった。それは少女誌という媒体に載せられたことが大きく影響しているはずで，〈メディア＝媒体〉の違いがコミュニケーションの在／不在をもたらすことの例証となっている。

6 文化と私たちの関わり

メッセージとは，即座に相手に理解されることを期待して発せられるものだけとは限らない。メッセージに込められた発信者の意図

---

[9] 作品のなかでは石油コンビナートの町Y市と表現されているが，そのYが四日市を指していることは描かれている内容からして間違いないだろう。

が受信者に正確に伝わらなければならないものでもない。同じメッセージであっても人によって受け取り方が異なるように，解釈はむしろ多義的なのである。それはマンガにおいても同じはずなのに，絵という要素があるからなのか，相手に知ってほしいことをわかりやすく伝える〈メディア＝媒体〉だと思われているきらいがある。しかも，敵役と思われる人物を必要以上に悪く描くとか，二項対立的なキャラクター設定をする——たとえば善人と悪人など——といったことが往々にして行われていることが，そうしたイメージを増幅させている。

　また，多くの人が興味をもつ〈メディア＝媒体〉だとして，啓発目的でマンガが使われることもある。マンガを使う必然性を疑うケースが少なくないし，その場合は他でも置き換え可能な媒体としてマンガが使われているだけなのではないだろうか。たとえば読者への理解を促そうと，セリフを長くしたり，コマの外に長々とした説明が挿入されると，マンガがもつスピード感や躍動感が半減するし，読んだ直後からその内容を忘れてしまうということになりかねない。何かを効率的に要領よく伝える手段としてマンガを利用しようとするのは短絡的な発想だといえる。

　マンガ本来のおもしろさを担保しつつ，複雑な社会問題を考えるきっかけを与える〈メディア＝媒体〉となりうることは，1970年代の一部の劇画がすでに示している。また，加害者と被害者との対立関係だけでは説明できない複雑な「公害」の構図を『かたっぽのふるぐつ』が存分に描いていることもすでに述べた。そうしたマンガに出会ったとき，小学校の図書館にさえマンガが置かれている環境で育った世代であれば，そのおもしろさに気づく可能性は高いだろう。

　ポップ・カルチャーは，私たちの身近なところにあるからこそ，いつでも気軽にアクセスできる。その気軽さゆえに，そこにあるかもしれないさまざまなメッセージに気がつかないことが多いのかも

しれない。しかし，何がしかのメッセージを見出せたならば，そこから時代の空気をもつくり出せるかもしれないのだ。それが権力に加担することになるのか，オルタナティブなメッセージ性をもつポピュラー・カルチャーとなるのかは私たちにかかっている。

●**ディスカッションのために**
1 コミュニケーションによって新しく文化が生み出された例について，話し合ってみよう。
2 〈メディア＝媒体〉が変わることによって伝えられるメッセージが変化した例がないか，考えてみよう。
3 身近なポップ・カルチャーを取り上げ，それがどのようなメッセージを発しているのかを批判的に分析してみよう。

●引用・参考文献
ウイリアムズ, R. ／椎名美智他［訳］(2002).『完訳 キーワード辞典』平凡社
サイード, E. ／今沢紀子［訳］(1993).『オリエンタリズム 上・下』平凡社
竹内 洋 (2011).『革新幻想の戦後史』中央公論新社
竹宮恵子 (2016).『少年の名はジルベール』小学館
山中千恵 (2014).「はじめに」伊藤 遊・谷川竜一・村田麻里子・山中千恵『マンガミュージアムへ行こう』岩波書店, pp.iii–xi.
吉見俊哉 (2003).『カルチュラル・ターン，文化の政治学へ』人文書院
吉村和真 (2015).「手塚治虫―逆風が育んだ「マンガの神様」」刈谷網彦［編］『ひとびとの精神史4 東京オリンピック―1960年代』岩波書店, pp.95–120.

第2章

言語コミュニケーション
レトリックのカノンとメディアとしてのことば

青沼　智

　何なんだよ日本。一億総活躍社会じゃねーのかよ。昨日見事に保育園落ちたわ。どうすんだよ私活躍出来ねーじゃねーか。

2016年2月15日，ある匿名ブログに投稿された「保育園落ちた日本死ね」と題する書き込み[2]。そこには若い母親の

「「保育園落ちた」ブログに共感し国会前で抗議集会」[1]

悲痛な叫びがあった。この書き込みを野党議員が国会質疑で取り上げた。答弁に立った与党総裁の安倍晋三内閣総理大臣は「匿名である以上，実際に起こっているのか確認しようがない」とコメントした。また与党議員からも「誰が書いたんだよ」「本人を出せ」などとヤジが飛び，その様子がマス・メディアで全国に流れた。おそらくこれがきっかけになったのであろう。ほどなくして「本人たち」が全国で一斉に声を上げはじめた。ブログで，Twitterで，そして国会前で，彼らは，彼女らは口々にこう叫ぶ。「保育園落ちたの私だ」。

1 メディアとしてのことば

　カナダの人文学者マーシャル・マクルーハンの「メディア＝人間の感性・感覚の拡張」論は，メディア・コミュニケーションを論じる際に必ずといってよいほど言及される。たとえば，双眼鏡や望遠鏡，あるいは顕微鏡を使うことで，私たちは裸眼で到底見ることが不可能なものを目の当たりにすることができる。普段これらをメディアとして意識することはあまりないかもしれない。しかしマクルーハンはこれらのデバイスがもつ感覚延長という機能は立派にメディアのそれであるという。たしかに，双眼鏡・望遠鏡・顕微鏡は私たちの「視覚（vision）」を延長する。そしてその意味では，海の向こうのメジャーリーグベースボール（MLB）の試合の臨場感をリアルタイムで伝えるテレビ（の生中継画面）や，昨晩はどこで誰々と会食をした・午前中は秘書を伴いどこを訪れたなど，普通は私たちが知りえることがない内閣総理大臣の動静を毎朝事細かに読者に伝える新聞（記事）など，私たちが普段メディアと信じて疑わないものとの間に大きな違いはないともいえる。

　『メディア論―人間の拡張の諸相』（マクルーハン，1987）で，マクルーハンはこれら人間拡張＝メディアのさまざまな事例をあげている。先にみたテレビ，新聞，またラジオなどのマス・メディアはもちろん，映画，蓄音機といった娯楽メディア，加えて電信，郵便システムといったパーソナル・メディア，意外なものとしては貨幣，衣服，家屋，また（自動車などの）車輪・道路・飛行機といった交通手段，モノの大量生産を可能にしたオートメーション，しまいに

---

1) http://mainichi.jp/graphs/20160305/hpj/00m/040/003000g/1 （最終確認：2017 年 8 月 11 日）
2) https://anond.hatelabo.jp/20160215171759（最終確認：2017 年 8 月 11 日）

は人間のもつ機能や感覚のありとあらゆる部分を拡張し，生身の人間とは比べ物にならないほどの破壊を可能にする軍事ミサイルといった兵器もメディアとして登場する。

こういった考え方の背景には，20世紀のテクノロジー，特に通信技術の発展・普及があることはいうまでもない。人間拡張＝メディアと共にマクルーハンが提示した概念に「地球村」がある。これは近い将来，地球上に張り巡らされた電子・電波通信網により世界中の人びとがつながり，あたかも一つの村の住人であるかのような感覚をもつようになるという予見である。

他方，科学技術のメディアとしての可能性に期待しつつ，それ以前から私たちの間に当たり前のように存在してきた「ことば」というメディアにマクルーハンがかなり肩入れしていることにも注目すべきだ。実際，『メディア論』にも，話しことば・書きことばに始まり，タイプライター，電話など，ことばに関する彼の愛情溢れる論稿が収められている。また，彼のもう一冊の代表作『グーテンベルグの銀河系──活字的人間の誕生』（マクルーハン, 1986）が描くのは活版印刷が登場する前・後の文明史であり，当然のことながらそこでの主役たるメディアはことば以外にはありえない。さらにトロント大学時代の同僚でマクルーハンのよき理解者でもあった文化人類学者のエドマンド・カーペンターも「あらゆる言語はマス・メディアである。映画，ラジオ，テレビの新しいマス・メディアも新しい言語である」（カーペンター, 2003：150）と記している。

2 ことばの技術とレトリック

ことばというメディアを取り巻く現況は，一見芳しくない。出版業界の不況・不振や若者の「活字離れ」が取りざたされて久しい。また総務省の平成28年度『情報通信白書』によると，日本の

「コンテンツ市場」の割合は「映像系」が5割超,「テキスト系」が約4割,「音声系」が1割弱だそうだ[3]。ただし,これらをもってコミュニケーションにおけることば(言語,テキスト,文字情報など)の重要性が低下しているとはいい難い。たとえば,紙の本・コミックスに「電子書籍」を加えれば,書籍の売上は2012年以降むしろ着実に「右肩上がり」との報告がある[4]。また,映像系のコンテンツであってもことばなしには成立しないものがほとんどだろう。YouTube動画のうち,ことばをまったく使わない「無声」のものがどれくらいあるか考えてみればよい。無論,他のソーシャル・ネットワーク・サービス(SNS)にしても,TwitterやLINEは(少なくとも元々は)ことば(テキスト)が主体のコミュニケーションだ。

　ことばは現在でもけっしてむげに扱うことのできないメディアである。私たちにとって極めて身近な存在ではあるが私たちの心身の一部ではなく,少々古いものの,けっして「レガシー」ではない現役のメディアだ。そして,ことばの働きをよりよく理解し,かつより効果的に使用するためには,レトリック的な視座が不可欠だ。

　一般的にレトリックとは,ことばを駆使し,物理的な力を直接与えることなく人を動かす技術,アリストテレスによれば「どんな場合でもそのそれぞれについて可能な説得の方法を見つけ出す能力」(アリストテレス,1992:31)を指す。他の多くの知的概念・体系と同様,その源流は古代ギリシャの都市国家アテナイにさかのぼる。アテナイは,史上初の民衆(デモス)による統治(デモクラシー=民主

---

3) 総務省『平成28年版情報通信白書』〈http://www.soumu.go.jp/johotsusintokei/whitepaper/ja/h28/html/nc251810.html (最終確認日:2017年6月30日)〉
4) 林智彦(2016年2月10)「出版不況は終わった? 最新データを見てわかること」『C-Net Japan』〈http://japan.cnet.com/article/35077597/3 (最終確認日:2017年6月30日)〉

制)が行われた共同体の一つである。一部の権力者ではなく民会での市民の討議が 政(まつりごと) を司り,また人びとの間の争いごとは拳や剣を交えるのではなく法廷での議論で白黒をつけるなど,文字通りことばの力がモノをいう社会であり,そこでレトリックが生まれたのは必然であった。

ところで,ことばを論じるにあたり,なぜいまさらレトリックの視座が必要なのか,21 世紀のメディアを考えるために,わざわざ,古代ギリシャの「古典」をもち出す必要はあるのか,などと訝しむ向きもあるだろう。いくら現役のオールド・メディアとはいえ,ことばの働きを考えるために時代を数千年さかのぼるなど,たしかにやりすぎの感が否めないかもしれない。これらに対する答えは,一言,いまだに私たちの「世界は,信じがたいほどこの「旧」修辞学[5]で満たされている」(バルト,1979:3)に尽きる。

驚くべきことに,レトリックが生まれた紀元前 3 世紀から,ことばの技術をめぐる状況はさほど大きく変わっていない。たとえば,アテナイではソフィストと呼ばれるレトリックの教師が活躍した。彼らは話し下手な市民から学費をとり,ことばの技術を教えたり,法廷弁論の代筆者として活動したりすることで財を成し栄華を極めた。同様に,現代社会を生きる私たちの多くが人前で話すことを苦手と考えており,それゆえ,高額を払ってセミナーに通って技の習得に努めたり,「コーチ」「コンサルタント」「スピーチライター」といったことばのプロを雇って彼らの技術を借りたりすることもしばしばあるのだ(蔭山,2015)。残念ながら,ことばという人間拡張=メディアの使い手として,人間は自分が考えるほど成長してはいない。

アテナイに生まれたレトリックは,その後ローマへと引き継がれ

---

[5] ここでの「旧修辞学」は l'ancienne rhétorique(古典レトリック)の訳出である。

た。そこで確立されたのが,「レトリックのカノン」である。このカノン（規範,教典）は「発想」「配置」「修辞」「表出」「記憶」と,ことばの技術を五つに分割し,より学びやすくしたもの（「五分科」）で,具体的には以下のようになる。

> 発想：知識・情報・着想を総動員し,伝える内容（メッセージ）を練る
> 配置：メッセージを整理しそれらを筋の通るように配列する
> 修辞：メッセージや目的,また場に合わせた語句や文体様式を選ぶ
> 表出：メッセージや目的,また場に合わせた伝え方（声や身振り・手振りなど）を工夫する
> 記憶：メッセージが話者・受け手双方の記憶に残るような工夫をする

このレトリックのカノンは,今もなお,ことばの技術のスタンダードであり続けている。米国のハイスクールやカレッジに置かれているパブリック・スピーキング科目のシラバスをみると,現在もなおこの五分科をベースにして構成されたものが多い。また日本においても,市場に多く出回っている,米国大統領の説得術に関する解説書や「ビジネス・プレゼンテーション」の指南書などが説く事柄は,古典レトリックを少しでも学んだことのある者にとってはその多くが既知のものであるはずだ。

3 ことばの力と「じゃじゃ馬（ならし）」

私たちの頭のなかにある「メッセージ」「思想」「意識」などは,メディアなくしてコミュニケートすることはできない。そのメディ

アのなかでも一番身近で使い勝手がよいのがことばである。ことばは実体のない概念に形を与え，それを実体化することで，それについて私たちが書いたり，語ったり，論じたりすることを可能とする（チャン，1979）。そして，そのことばを自分の意図通り使いこなし，他者を自由自在に動かすための術が，レトリックと一般的に呼ばれるものである。

他方，これまで培ってきたレトリックの知見をもってしても，ことコミュニケーションにおいて，私たちの目論見がすべて計画通りに進み，望んだ結果を必ずもたらしてくれるという確証は残念ながらない。コミュニケーションは多分に偶有的であり，そこに絶対や必然を求めることはできないのだ（Grant, 2007）。またどんなにことばの技術を磨いたとしても，ことばというメディアを自由自在に操ることがそもそも私たちに可能なのかという疑問も残る。「弘法にも筆の誤り」ということわざが示すように，弘法大師のような達人でさえ，ときに，筆＝メディアの使い方を誤ってしまうこともあるのだ。

ことばはあくまでも人間の延長であり，人間の心身そのものではない。詩人の長田弘は以下のように記している。

> 私は，結局，言葉というのは取り消しのきかないものだと思っています。言葉を書くということは，取り消しできない言葉を書くということだ，とおもう。なぜなら，いったんあらわされた言葉はもはやわたしのものではないし，またほかの誰のものでもないからです。言葉は，わたしたちにとって，決して私有されない真実なのです。（長田，1970：61）

自分が発したことばであっても，厳密にいえばそれは自分のものではない。いったん人びとの記憶に刻まれたが最後，ことばは自分の都合で削除することはできないのだ（尾関，1983）。

さらにことばは，私たちの感覚を延長するどころか，それを鈍らせたり，退化させたりもする。米国の批評家ケネス・バークがいうように，ときにことばは私たちの現実をみる目を曇らせる遮蔽物（screen）となる（Burke, 1966）。たとえば，「正当防衛」，さらには「正義の戦争」ということばを通すと，裸眼では確かに見えていた「人殺し」という事実がみえなくなってしまうことがある。これもことばの力の為せる技だろう。また，かつてアメリカが配備していた大陸間弾道ミサイル（ICBM）に「ピースキーパー（Peace Keeper）」という愛称がつけられたのはけっしてジョークや皮肉ではなく，核爆弾＝大量破壊兵器という私たちの認識を惑わすことばの力に期待してのことなのだ（Schiappa, 1989）。

　ことばは諸刃の剣であり，その扱いは一筋縄ではいかない。人間の延長として私たちのためにしっかり働いてくれる一方，ときにその力は人間を振り回したり惑わしたりする厄介な存在でもある。実際，先人が目指したレトリックの体系化は，ことばの技術の集大成というよりは，むしろこの「じゃじゃ馬」をいかに手懐け（tame），飼いならす（domesticate）かが念頭にあったとの見方もある（Sutton, 1992）。

　他方，技術論はさておき，ことばの力がときに人智を超えることを素直に認め，謙虚に接することも重要だ。たとえば，レトリックを理解するためには，まず，ことばのもつ「観念を人びとに適応させるべく調整し，逆に，観念に適応させるべく人びとをも調整する機能」（Bryant, 1953：413）に着目すべきとする米国のレトリック研究者ドナルド・ブライアントのような考え方もあろう。

4　ことばの力を引き受けること

　1970年，PANTA（ボーカル，ギター），TOSHI（ドラムス，パーカッション）の2人によって結成されたロックバンド，頭脳警察。

二度の活動休止そして再開を経て，日本のロック史上数々の伝説を残し，いまだ現役の彼らをフィーチャーしたドキュメンタリー映画『ドキュメンタリー 頭脳警察』が 2009 年にリリースされた[6]。監督の瀬々敬久は「悪ガキ二人が一緒に育って，途中で仲違いして最後にくっつくという，バディムービー」の流れのなかで日本の「戦後史」を撮ったとコメントし[7]，専門誌『映画芸術』の 2009 年度邦画ランキングでは第 6 位に選ばれた。

図 2-1 『頭脳警察 1』の
レコードジャケット
(頭脳警察，1972 年，
Hayabusa Landings)

　他方，ロックファンからみれば，本作品はあくまでも伝説のバンド頭脳警察の「ライブ記録」である。結成当時の貴重な映像に始まり，バンドとして実に 10 年振りの新作レコーディングの風景，全国ツアーやそのクライマックスを飾る京都大学西部講堂での圧巻ライブ，またPANTA，TOSHI のソロ活動のライブパフォーマンスまで，ライブバンドとしての彼らの魅力を余すところなく伝える映像が満載の映画だ。

　ただし不思議なことに，この映画には「ある一曲」が登場しない。そう，頭脳警察の代名詞でもある「世界革命戦争宣言」がないのだ。

> ブルジョアジー諸君！
> 我々は世界中で，君たちを革命戦争の場に叩き込んで一掃するために，ここに公然と宣戦を布告するものである。

---

6) 配給：トランスフォーマー
7)「瀬々敬久（監督）インタビュー」(2009 年 11 月 4 日)『映画芸術』〈http://eigageijutsu.com/article/132009525.html（最終確認日：2017 年 6 月 30 日）〉

> 君たちの歴史は、もう分かり過ぎている。君たちの歴史は、血塗られた歴史ではないか。
> 君たちの間での世界的強盗戦争のために、我々をだまし、互いに殺し合わせてきた。嘘だとは言わせない。我々はもう、そそのかされ、だまされはしない。
> 君たちにベトナムの民を好き勝手に殺す権利があるのなら、我々にも君たちを好き勝手に殺す権利がある。
> 君たちにブラック・パンサーを殺しゲットーを戦車で押しつぶす権利があるなら、我々にも、ニクソン、佐藤、キッシンジャー、ドゴールを殺し、ペンタゴン、防衛庁、警視庁、君たちの家々を爆弾で爆破する権利がある。
> 君たちに、沖縄の民を銃剣で突き殺す権利があるのなら、我々にも君たちをナイフで突き殺す権利がある。
> いつまでも君たちの思い通りになると思ったら大間違いだ。君たちの時代は既に終った。
> 我々は最後の戦争のために、世界革命戦争勝利のために、君たちをこの世から抹殺するために、最後まで戦い抜く。
> 我々は、自衛隊、機動隊、米軍諸君に、公然と銃をむける。殺されるのがいやなら、その銃を後ろに向けたまえ！　君たちをそそのかし、後ろであやつる豚どもに向けて。
> 我々を邪魔する奴は、容赦なく抹殺する。
> 世界革命戦争宣言をここに発する。

　70年安保闘争当時の学生運動のリーダーの一人（上野勝輝）の手による「檄文」を歌詞に見立てたこの歌は、1972年の彼らのデビューアルバムのオープニングナンバー（の予定）であった。アルバム自体はレコード会社の「自主規制」によりお蔵入りとなったものの、この歌は世間に対する強烈なアピールとなり、頭脳警察「最大

のヒット曲」となった。

　しかしほどなくして、頭脳警察はこのヒット曲のために苦しむことになる。過激なパフォーマンスで人気を博した彼らであったが、一方で、「世界革命戦争宣言」をはじめとする一連の楽曲[8]が醸し出す「左翼」「反体制」といった政治スタンスが、次第に彼らの活動の手かせ足かせとなっていったのだ。映画に収められた活動休止中のインタビューで、「頭脳警察では歌えない歌ができてしまった、パブリックイメージが先行してね［中略］もう「（世界）革命戦争宣言」を歌わないと終わらない、もうこれはヒット曲を出してしまったミュージシャンの宿命ですよ。［中略］でそういう時にジレンマがね」とPANTAはコメントしている。

　しかしそれでも、頭脳警察は再始動し、ライブハウスやコンサートホール、また集会・デモでも精力的にパフォーマンスする還暦過ぎのロックバンドとなった。彼らのレパートリーのほとんどは自作であるが、「世界革命戦争宣言」は数少ない「他者」が書いた詞である。それでも彼らはこの曲がつくり出したパブリック・イメージを引き受けることを選んだのだ。後輩ミュージシャンに対し、PANTAはこう説く。「「正義感ぶってんなよ、バカヤロー」でいい。マクルーハンが「メディアはメッセージ」と言っていたけど、グローバルにメディアでメッセージできるのは音楽の特権だよ。［中略］歌には大きな力がある。世界を変えられる力があると思う」[9]。

---

8) お蔵入りとなったデビューアルバムには「世界革命戦争宣言」「赤軍兵士の詩」「銃を取れ！」の「革命三部作」、また「彼女は革命家」「戦争しか知らない子供たち」などの楽曲が収録されるはずであった（2012年再発『頭脳警察1』）。
9) 「PANTA 頭脳警察 × 難波章浩対談―表現の自由を規制するのは誰か（音楽編）」（2015年6月）『Rolling Stone 日本版』〈http://rollingstonejapan.com/articles/detail/25458/4/1/1（最終確認日：2017年8月11日）〉

5 レトリックとその限界

　ことばは私たちにとって極めて身近な存在である。私たちの心身の一部ではなく，それを延長する非常に使い勝手のよいメディアだ。そして先人たちはレトリックの名のもと，そのメディアの働きを体系化した。21世紀になっても，世界はいまだにこのレトリックに満たされているし，私たちが先人から受け継いだレトリックの知見は，21世紀の今でもなおことばの技術を教える際のスタンダードとなっている。ただし，ことばに関するこれらの知見を過信することも危険だ。いったん私たちの手を離れたことばは，しばしば制御不能状態となり，そのじゃじゃ馬のごとき振る舞いは私たちを右往左往させる。この人智を超えることばの力を素直に認めることも，ときには必要となるだろう。

　もちろん，人間のコミュニケーションは，ことばがすべてというわけではない。状況，場の雰囲気，あるいは文脈（コンテクスト）といった，ことばを取り巻く「言外の力」（渡辺, 2009）も，ことば同様，またときにはそれ以上に重要な働きをしている。また，画像・映像といった，ことばに還元されることを拒む「非言語」の力に対しても，私たちは真摯に向き合うべきだろう。

●ディスカッションのために
1　ことばのメディア的側面について，具体的な例を考えてみよう。
2　身近にある言語コミュニケーションを，発想・配置・修辞・表出・記憶の五分科からなる「レトリックのカノン」を使って分析してみよう。
3　ことばの技術として培われたレトリックの知見は，はたして非言語コミュニケーションを考える際にも有効だろうか。考えてみよう。

●引用・参考文献

アリストテレス／戸塚七郎［訳］(1992).『弁論術』岩波書店
長田　弘 (1970).『開かれた言葉』筑摩書房
尾関周二 (1983).『言語と人間』大月書店
カーペンター, E.／大前正臣・後藤和彦［訳］(2003).「新しい言語」M. マクルーハン・E. カーペンター［編著］『マクルーハン理論―電子メディアの可能性』平凡社, pp.150-185.
藤山洋介 (2015).『スピーチライター―言葉で世界を変える仕事』KADOKAWA
清水　亮 (1994).「文化資本と社会階層―文化的再生産論の日本的展開に向けて」『ソシオロゴス』18, 260-272.
チャン・デュク・タオ／花崎皋平［訳］(1979).『言語と意識の起原』岩波書店
バルト, R.／沢崎浩平［訳］(1979).『旧修辞学便覧』みすず書房
マクルーハン, M.／森　常治［訳］(1986).『グーテンベルグの銀河系―活字人間の誕生』みすず書房
マクルーハン, M.／栗原　裕・河本仲聖［訳］(1987).『メディア論―人間の拡張の諸相』みすず書房
渡辺　誠 (2009).「言葉が人を動かすのか」松永澄夫［編著］『言葉は社会を動かすか』東信堂, pp.249-285.
Bernstein, B. (1981). *Class, codes and control*. London and Boston: Routledge and Kegan Paul.
Bryant, D. C. (1953). Rhetoric: Its functions and its scope. *Quarterly Journal of Speech, 39*, 401-424.
Burke, K. (1966). *Language as symbolic action: Essays on life, literature and method*. Berkeley: University of California Press.
Grant, C. B. (2007). *Uncertainty and communication: New theoretical investigations*. Hampshire: Palgrave Mcmillan.
Schiappa, E. (1989). Rhetoric of nukespeak. *Communication Monographs, 56*, 251-272.
Sutton, J. (1992). The taming of Polos/Polis: Rhetoric as an achievement without woman. *Southern Communication Journal, 57*, 97-119.

第3章

非言語コミュニケーション
雄弁な身体と挙動
平野順也

あなたが知らないのはそれが単純な「青」でもターコイズやラピスでもなく,セルリアンだということ。さらにあなたが知らないのは,2002年にオスカー・デ・ラ・レンタが,その後イヴ・サンローランがセルリアンの衣服を続けて発表したということ。すぐに8人のデザイナーが飛びついて,たちまちデパートはセルリアンの服で溢れたわけ。最後は売れ残りセール行き。そこであなたがそのセーターを買ったわけ。その「青」は巨大な市場と無数の労働の象徴なの。

『プラダを着た悪魔 特別編』〔DVD〕(フランケル, D. 監督, 2012年, 20世紀フォックス・ホーム・エンターテイメント・ジャパン)

これは,映画『プラダを着た悪魔』のワンシーンだ。流行に無関心なアンドレアに対し,雑誌の編集長ミランダは彼女の着ている青色のセーターを指して,その無知を咎めたのだ。私たちが行っている服の選択や個性の表現も,巨大市場を動かす人びとの思惑に踊らされているだけなのかもしれない。

身体のコミュニケーション

1968年，83人の船員と2人の海洋学者が乗船した米国海軍プエブロ号が，朝鮮民主主義人民共和国（北朝鮮）の元山沖で情報収集活動中に攻撃を受ける（Wright, 2016）。そして，1名が死亡，82名が捕らえられ，335日間身柄を拘束された。当時，北朝鮮は精力的にプロパガンダ作品の制作を行っており，米国海兵隊員たちも利用される。彼らが拘束されるまでの過程を再現した映像を彼ら自身に演じさせて制作したこともあれば，細部まで演出された記者会見に幾度も登場させるなどプロパガンダに利用し続けた。

図3-1は，北朝鮮によって撮影され，使われた会見写真の一つである。一見，なんの変哲もなく，とりたてて不自然なところは見当たらないかもしれないが，ここに写っている海兵隊員たちのとある「仕草」に注目してほしい。前列の3名が中指を立てていることが確認できるだろう。西洋文化では，中指を立てるという仕草は，相手を侮辱する行為である。ことばで糾弾することも，また叛逆行為にでることもできなかった彼らは，西洋文化では卑猥で禁忌とされる仕草という些細な行為により，すべてが自分たちの意思に反した，北朝鮮当局の演出による「やらせ」であることを西側に伝えようとしたのだ。

私たちの身体は，ことばを発することなく，雄弁に語ることができるメディアである。私たちは，身体の動作だけではなく，身体を包む衣服や装飾品，匂いなどを介して他者とのコミュニケーションを行っているのだ。さらに私たちの身体は，単に有機的な機能をもつ肉体ではなく，社会的・文化的につくり上

図3-1 中指を立てるアメリカ兵たち
（Wright, 2016）

げられた象徴でもある。身体には社会，文化，思想，さらには規範や禁忌が刻まれており，それは人びとを混乱させ，ときには差別や暴力に手を染めさせるほど強力なものともなる。たとえば，後藤吉彦（2007）が論じるように，障害者を取り巻く社会問題の土台には，「身体的差異」（後藤，2007：73）に対する歪んだ理解が硬直した形で存在している。さらに，ジェーン・サットン（Sutton, 1999）は，女性の身体は「馬」に関連づけられて表現されたレトリカルな表象だと論じている。女性は「馬」と同様に男性の所有物であり，ときに気ままで，挑発的でもあるために，調教が必要なのだと女性と「馬」の類似性を強調することにより，女性に対する暴力的な抑圧ですら正当化するメカニズムを生み出しているのだ。

　レトリックを論じる際，ことばはもちろんのこと，身体を無視することはできない。たとえ些細な動きであっても，身体はことばと同じように雄弁に何かを伝えようとする。この章では，身体やそれを包む衣服といった非言語コミュニケーションの媒体に焦点をあて，「自由」「統制」，そして「抵抗」というキーワードを中心に，身体のレトリカルな機能について探っていく。

2　レトリックと身体

❖修辞と表出，弁論と演技

　レトリックではことばを操る「修辞」だけではなく，発声や身振りといった「表出」が重要な要素であり（☞第2章），ときに「修辞」よりも強く語りかける。いわば身体が口以上にものを言うことがあるということだ。たとえば，遠藤周作の『沈黙』には，キリスト教の信徒かどうかを判別するための厳しい取り調べの様子が描かれている。自分たちは仏教徒だと訴えるトモギ村の百姓に，役人は踏絵を強いる。3人の百姓たちは命令に従い一人また一人と踏んでいく。

しかし,役人たちは「3人が踏んだという結果よりその時の顔色をじっと窺っていた」(遠藤, 1988：71)。そして,イノウエという老武士は百姓の息づかいが荒くなったことを見逃さず,絵に唾を吐くことを強要する。百姓はことばや絵を踏むという行為をもって切支丹(きりしたん)ではないと主張した。しかし,それ以上に彼らの「息づかい」が紛れもなく信徒であることを雄弁に物語っていたのだ。

　第2章では五分科からなるレトリックのカノンについて説明したが,カノンのなかでも弁論において最も重要な役割を果たすのが「表出」であるとアリストテレスは述べている。声の大きさや抑揚,リズム,また身振り,手振りといった非言語的要素はコミュニケーションの説得力を大きく左右する。わざとらしい過剰な表出,すなわちアリストテレスのいう「見せかけ」(アリストテレス, 1968：203) は弁論の際マイナスに働くが,一方で,天性の演技力をもつ者による的確な表出の使用は説得力を倍増させる。これは現代においても同様だろう。

　キケロも同じように,天性の演技能力を認め,次のように述べている。ある人は舌っ足らずで,ある人は声が調子っぱずれ,またある人は言葉や動作ががさつであるために,たとえ話術に長けていたとしても弁論家として認められることはない。しかし,「ある人はそうした点でじつに見事で,天与の賜物に恵まれており,そのために［中略］何かの神によって創造されたのではないかと思える人もいる」(キケロ, 2005：72)。たとえば,ニュースキャスターが視聴者から信頼を得るためには,伝えるニュースの言語表現だけではなく,誠実さが感じられる風貌やふるまいなどが必要になる。政治家も民衆の支持を獲得するために,演技能力を天性のものであるかのように習得し,魅力的な身体であろうとする。

❖指導者の魅力,「見せかけ」の君主

「指導者の言動を,単にそれが魅力的であるかどうかによって判断するのは,私は誤りだと思う」(ニクソン, 1986：365)と,元米国大統領リチャード・ニクソンは自伝に記している。彼が1960年の大統領選でケネディと行ったディベートは,初めてテレビ中継された討論会という事実以上に,テレビによる「見せかけ」の効果が大きく露呈したということで有名になった。ことばによる討論では優位に立っていたニクソンだが,退院直後ということもあり,テレビは彼の老いてやつれた姿を視聴者に届けた。その結果,視聴者の多くはケネディの若く快活な風貌に好感を示し,それがケネディ勝利の布石となったといわれている(星・逢坂, 2006)。ニクソンの発言内容よりも,ケネディの凛とした姿の方に,視聴者は注目したのだ。

このような「見せかけ」の威力に早くから着目した思想家が,マキャベリだ。マキャベリは1513年に著した『君主論』で,統治者は演技能力を悪用してでも「見せかけ」の効果を利用すべきだと主張した。領地を自分の思うがままに統治するためにも,君主は詐術に長けていなければならない。嘘も方便であるが,無論そこには,それが悪評を集めなければ,という条件がつく。君主が重要視すべきは,威光を放ち,毅然で誠実,そして魅力的な人間であると民衆が信じるに足りうる「見せかけ」であり,「あらゆる行動において,大人物で,ずば抜けた人間だという評判をつかむように努力しなくてはいけない」(マキャベリ, 1998：74)のが君主としての務めだ。つまり,たとえ嘘をついていたとしても,それ自体はなんら咎められることはない。それを民衆に悟られないような演技や自己演出ができれば,マキャベリ的視点からは良い君主といえよう。ウェイン・A・レブホーン(Rebhorn, 1995)の表現を使うなら,マキャベリにとって君主とは「見世物(shows)」の提供者である。他者を説得するためには,最高の「見世物」を制作すればよい。そのため

真実は歪曲され、イメージは偽造される。身体を魅力的に装飾することが、マキャベリのレトリックが目標としたものだといえる。

✤エロキューショナリー・ムーブメント

敵対する国どうしがことばを駆使し、それぞれの立場から武力行使を正当化することができるように、ことばとは曖昧なものであり、悪用すらされうる厄介なものである。それに加えて、弁論の効果を左右するほどの影響をもつ身体操作についても「見せかけ」の技術が進化するとどうなるのだろうか。このような混乱を治めるために、レトリックを一度整理し、統制しようとする動きが生まれた。ことば使いや文法はもちろんのこと、身体の動きですら機械的に統制し、過度な演出や歪曲を阻止しようとしたのだ。レトリックの「表出」に焦点をあて、徹底的に身体操作を管理しようとするレトリックの潮流は、エロキューショナリー・ムーブメントと呼ばれている。

ギルバート・オースティンはエロキューショナリー・ムーブメントを代表する思想家である。彼は1806年に発表した指南書 *Chironomia*（キロノミア：ラテン語で身振りの規則、身振りの技術の意味）で、演説を行う時の身振りを、まるで踊りの振り付けのように一つひとつ丁寧に説明している。たとえば図3-2にあるように、「一般的に、論戦が激しく、巧みに行われる時は、それに適するように力強さと速さを表現するような身振りが求められる」（Austin, 1806：397）。また、「手が頭上にあるときは痛みや苦悩を、目を隠すように手がある場合は恥辱、胸の上にあるときは良心もしくは欲望を意味する」（Austin, 1806：484）。このように、手を挙げる角度、動かす距離などを細分化し、そ

図3-2　振り付けのような身振り
（Austin, 1806：644）

れぞれの意味を説明した。まるで身体操作の「文法」をつくり出しているかのようであり、「身体の文法」に従い動作をコントロールしようとしたのである。

　エロキューショナリー・ムーブメントの思想家たちが身体操作の統一にこだわったのは、劣悪なレトリックが乱用されていると考えたからだ (Bizzell & Herzberg, 1990)。ことばの誤用だけではなく、身体操作の倒錯が溢れている状況を改善しようとしたのである。ただし、誤ったことばや身体の乱用自体が問題なのではない。

　正確にことばを使用しなければ、日常的な会話において誤解が生じるだけではなく、政治的な議論を建設的に行うことも不可能になる。詩や小説は単なることば遊びに終わり、神の教えでさえも曲解される。ことばという土台が崩れれば、人間社会が機能しなくなるのだ。同じように、エロキューショナリー・ムーブメントもレトリックの「躾」だと考えることができるだろう。すなわち、「身」を「見せかけ」ではなく、理想とする「美」へと導こうとしたのだ。正確なことばとともに身体操作をものにすることは、人間性や社会の復興運動だったのである。これにより、理想的な宗教活動、政治活動、そして芸術活動を行うことができると考えられたのだ。

　しかし、ここで問題が生じる。エロキューショナリー・ムーブメントが提示することを徹底して行えば、理想的なコミュニケーションが実現できるかもしれないが、統制されたコミュニケーションにおいては、人びとは自分の個性や思想を自由に表現することができなくなる。エロキューショナリー・ムーブメントは、人びとの個性を犠牲にしてまで、「正確性」や「理想」といった考えのもとで機械的に感情表現や身振りを制限しようとしたのだ。

3　衣服に管理される身体

✜ユニフォームの重み

　エロキューショナリー・ムーブメントの痕跡は，現代の日本においても，児童・生徒の「身なり」を定めた制服の存在に認めることができる。実際，衣類は私たちの性格，興味，価値，思想を伝えるレトリカルな媒体である。スポーツ選手たちのユニフォーム，政治家のスーツや政党のピン，カジュアルなTシャツにプリントされた文字や写真，さらには色彩にいたるまでレトリカルなメッセージがそこには編み込まれている。オリンピックといったスポーツの祭典では，選手のユニフォームから発せられるメッセージは母国への帰属性だろう。しかし，このようなユニフォームであっても，ときには鎧のような重さをもって身に着ける人びとを統制しようとする。

　ドイツの映画監督レニ・リーフェンシュタールはヒトラーの依頼をうけ，1936年に開催されたベルリン・オリンピックの記録ドキュメンタリー映画『オリンピア』を制作した。彼女は試合の純粋な記録ではなく，選手の身体や映像美をとらえることに注力した。夜間の競技ではライトが使用できず撮影が困難だったため，後日，選手たちに競技を再現させてまで撮影した。

　その映像のなかで，マラソンの日本代表孫基禎が金メダルを，そして南昇竜が銅メダルを取り，その表彰式が一つのクライマックスとして映し出されている。「君が代」が流れ日本国旗が高々と掲げられるなか，大きな日の丸のユニフォームを身に着けた孫と南が表彰台に立つ。リーフェンシュタールは，彼らが俯きただじっと立っている姿を執拗に映し出す。多木浩二（2013）は，おそらくそれは西洋人にはみられない，瞑想や陶酔といった東洋的な表現に関心をもったからではないかという。しかし，彼らは不動の姿勢で静かに快哉を叫んでいたのではない。彼らはそれによって，怒りや悔しさ

を表現したのだ。孫と南は，当時日本の植民地だった朝鮮半島の出身である。彼らは国際的なスポーツの祭典で，自分の限界に挑戦し，メダルを勝ち取った。しかし，母国を侵略した国のユニフォームを身にまとい表彰台に立たなくてはならなかったのである。

図3-3 『オリンピア』のワンシーン。俯いた表彰台の南昇竜（リーフェンシュタール，2013〔撮影：1936年〕）

　彼らは表彰台に立つオリンピックの勝利者らしからぬ姿で「勝利」を体現した。自分たちの考えや思いを自由に表現することが許されないなかで，日本のユニフォームを身に着けつつ，ユニフォームの服制に対し，不動のまま抵抗を示したのだ。彼らの勝利を伝えた朝鮮の新聞は彼らの写真を掲載したが，そこではユニフォームの日の丸は消されていた（多木, 2013）。孫と南は，沈黙する姿を示すことによって，ユニフォームの重さを表現したのだった。

❖管理と饗宴

　1980年以降，全国的に校則が厳格化したが，それは校内暴力（特に教師に対する暴力）の発生回数が急激に増加したからである（児山, 2001）。学校の秩序を維持するために，制服，髪型，さらには靴下の色などが定められた。混乱から生まれた統制の動きという点において，厳格化する校則とエロキューショナリー・ムーブメントとの間に類似点を指摘することができるだろう。コンビニエンス・ストアやレストランでも制服が用意されているが，制服による服制は管理の一種である。

　では，何の管理下でもない私生活において，私たちはどのような目的をもって衣服を選択し，どのようなメッセージを伝えようとしているのだろうか。藤木悦子（1998）が学生302名に対して行った

衣服嗜好傾向についての調査がある。流行の衣服を積極的に着用する学生は15.9%で、積極性が高いほど、自分を活発で明朗と評価する傾向があるという。藤木の調査から約20年が経過した現在では、いわゆる「ファスト・ファッション」などの広がりなどもあり、より過剰な消費が可能となった。多種多様な衣服が販売され、自分の好むものを自由に選択することができる。自らを服制下に置く必要はない。衣服もジュエリーも化粧も「見せかけ」で構わない。しかし、そこに個性は表現されているのだろうか。

ジャン・ボードリヤールは、私たちは、大量のモノ、情報、思想、イデオロギー、記号、さらには快楽が過剰に溢れた「饗宴」(ボードリヤール, 1991：9) のような状態の社会に生きている、と説明する。数多くの欲望が存在し、それを満たすために、私たちは自分の好きなことを好きなように選択することができる。しかし、自分が本当に何を望み、何を信じているのかを理解することはない。なぜその服を着用し、その化粧をし、その髪型に整えるのか、本当の理由は自分でもわからない。雑誌が紹介したからか、それとも憧れの有名人を模倣してなのか。身体や衣服は雄弁であることをやめてしまったのだ。なぜならば、身体や衣服から伝わってくるのは個性ではなく、他者に、また他者が求める価値に、「同調」すれば安心だというメッセージだからだ。私たちは制服による個性の埋没を嫌悪するかもしれないが、一方で自ら流行に「同調」することにより、自分たちの個性を消失させているのではないだろうか。

❹ 身体に何を語らせるか

ホセ・オルテガ・イ・ガセット (1985：53) は、集団としてまとまるための前提には構成員間における願望や思想、そして価値観の一致があり、個性は重要ではないと述べる。ポピュラー音楽、ブラ

ンド品，スマートフォンといった所有物に，私たちの個性を認めることが可能だろうか。ファッション雑誌で紹介された流行の衣類を身に着けた身体が，巧みに語ることは可能だろうか。大規模になったコスプレやハロウィーンのイベントは，たしかに奇抜な衣装を身に着けた人びとで溢れている。私たちは嬉々として，アイドルやテレビドラマで有名になった踊りを模倣し，撮影したビデオをYouTubeにアップロードする。刺青も現在ではファッション・タトゥーとして浸透した。このような行動も身体操作の統一であり，まさに振り付けに合わせて集団で踊るように身振りを統制しているのだ。ハロウィーン時に街にあふれる「奇異な衣装」は彼らの「制服」なのだ。

　「饗宴」の渦中で，さまざまな身体がさまざまな装飾品に飾られ，さまざまな動作を表現している。しかし，このような身体からは「同調」以外にどのようなレトリカルなメッセージが発信されているのだろうか。身体をある種の「規則性」に従わせることにより，能弁であることを自制しているようにもとれる。

　前述した米国海兵隊員たちや『オリンピア』の例に戻ろう。私たちの身体は雄弁に語ることができる。それにはけっして過剰な演出も動作も必要ない。その一方で，私たちの身体は「見せかけ」の演技で語ることもできる。しかし，その「見せかけ」は中身のない空っぽのものだ。

　私たちの身体は「饗宴」の社会において自らを「規則」から解放し，自由に語らせることができる。問題は「何を語らせるか」だ。私たちの身体がその「何か」を雄弁に語り始めたとき，「表出」はその色彩を取り戻し，身体のレトリックは開花する。

● ディスカッションのために
1 日本で大規模なイベントとなったハロウィーンでは，参加者の個性がどのように表現されているのかを考えてみよう。
2 「抵抗する身体」の事例をあげて，どのようなレトリカルな意味が存在しているか考えてみよう。
3 大量消費社会と呼ばれる現在，どのように「個性」を表現することができるかを考えてみよう。

● 引用・参考文献

アリストテレス／山本光雄［編訳］(1968).「弁論術」『アリストテレス全集 16』岩波書店, pp.1-329.
遠藤周作 (1988).『沈黙』新潮社
オルテガ・イ・ガセット, J.／桑名一博［訳］(1985).『大衆の反逆』白水社
キケロ／大西英文［訳］(2005).『弁論家について 上』岩波書店
児山正史 (2001).「校則見直しに対する文部省・教育委員会の影響 (1)——公共サービスにおける利用者の自由」『人文社会論叢社会科学編』6, 57-77.
後藤吉彦 (2007).『身体の社会学のブレークスルー——差異の政治から普遍性の政治へ』生活書院
多木浩二 (2013).「第五章 オリンピア——すべてが映像になれるために作られた神話」多木浩二・今福龍太［編］『映像の歴史哲学』みすず書房, pp.131-171.
ニクソン, R.／徳岡孝夫［訳］(1986).『指導者とは』文藝春秋
藤木悦子 (1998).「女子学生の自己イメージと流行採用との関連性」『福岡女子短期紀要』55, 63-71.
ボードリヤール, J.／塚原 史［訳］(1991).『透きとおった悪』紀伊國屋書店
星 浩・逢坂 巌 (2006).『テレビ政治——国会報道からTVタックルまで』朝日新聞社
マキャベリ, N.／池田 廉［訳］(1998).「君主論」『マキャベリ全集 1』永井三明・藤沢道朗・岩倉具忠［編］筑摩書房, pp.3-88.
Austin, G. (1806). *Chironomia: Or, a treatise on rhetorical delivery.* 〈https://archive.org/details/chironomiaoratr00austgoog（最終確認日：2016年8月15日)〉

Bizzell, P., & Herzberg, B. (1990). *The rhetorical tradition: Readings from classical times to the present*. Boston, MA: Bedford Books.
Rebhorn, W. A. (1995). *The emperor of men's minds: Literature and the Renaissance discourse of rhetoric*. London: Cornell University Press.
Sutton, J. (1999). The taming of Polos/Polis: Rhetoric as an achievement without woman. In J. L. Lucaites, C. M. Condit, & S. Caudill (eds.), *Contemporary rhetorical theory: A reader*. New York: The Guilford Press, pp.101–126.
Wright, A. (2016). *North Korean officials had no idea what their hostages were signaling in this photo*. (Atlas Obscura. November 16). 〈http://www.atlasobscura.com/articles/north-korean-officials-had-no-idea-what-their-hostages-were-signaling-in-this-photo（最終確認日：2016 年 8 月 15 日)〉

●引用・参考映像
リーフェンシュタール, L.（2013）.『ベルリンオリンピック　第 11 回大会収録　民族の祭典・美の祭典』コスミック出版（撮影：1936 年)

第Ⅱ部 レトリックと政治

第4章 「旧修辞学」の復権
　　　　話芸の伝統，グレコ・ローマンの伝統

第5章 新しいプロパガンダの時代
　　　　魅力的なイメージに潜むメッセージ

第6章 レトリックを演じる人びと
　　　　ポピュラー・カルチャーとパフォーマー

第7章 革命は放映されない
　　　　ギル・スコット＝ヘロンと斎藤隆夫

説得行為としてのレトリックが政治活動に利用されるのは当然のことだ。しかし，「ことば」だけがその活動において力をもっているわけでない。特に，ポップ・カルチャーが盛んな現代社会では，その影響がレトリックと政治の関係へも波及している。第Ⅱ部「レトリックと政治」では，ことばを操り，説得を試みるという活動と政治との関係を多角的に読み解く。

　第4章「「旧修辞学」の復権」では，レトリックが継承された歴史的経緯から，日本と欧米でレトリックがたどった異なる道筋をみていく。日本では，ことばを操る技法や話芸が発達した。落語，漫才，講談，浪曲など枚挙にいとまがない。しかし，なぜか日本は「レトリック不毛の地」と称されてきた。それは，欧米のレトリックが政治的活動と密接に関連づけられていたのとは異なり，日本のレトリックは話芸や文学といった限られた領域での発達に留まっていたからだ。レトリックの歴史は，ことばの技術を駆使した活動が重要な政治参加の一つであるということを私たちに教えてくれる。

　第5章「新しいプロパガンダの時代」では，政治活動としてのレトリックが開花したプロパガンダの変遷に焦点をあてる。これまでも，レトリックはプロパガンダに利用されてきたが，近年になって，広告代理店が活躍する「新しいプロパガンダ」が台頭してくる。「新しいプロパガンダ」の時代では，ことばを駆使した説得活動というより，アイドルやキャラクターのパフォーマンスを駆動力とした政治活動が幅をきかせている。

　第6章「レトリックを演じる人びと」は，形式的折衷主義といったポピュラー・カルチャーの特質を分析する。第Ⅰ部第1章で考察したように，「文化」には社会と同様に階層構造が存在し，「文化」といえばたいてい「もてる者」が属す階級の「高級」文化，すなわち，「高尚な余暇の活動」を指していた。ポピュラー・カルチャーはこの「文化」に対するアンチテーゼなのだ。本章では，ポピュラー・カルチャーのレトリックが可能な，「もたざる者」の痛烈な反論というパフォーマンスについて説明する。特に，「3.11」以降，ポピュラー・カルチャーのパフォーマーやそのファンが反原発，脱原発といった活動に積極的に参加しているように，ポピュラー・カルチャーによるレトリックは「もてる者」に対する脅威として開花する。

　第7章「革命は放映されない」は，メディアによる人間の感覚の拡張，そしてそれがレトリックや「記憶」に与える影響について説明する。「記憶」とはレトリックのカノンを構成する一つの活動だった。しかし，メディアの発達により，現代のレトリックからは「記憶」の重要性が消滅したようだ。それだけではない。個人的な「記憶」が，時間や空間を超え想起することができるような「想起の外部化」が可能になった。街頭デモもテレビや新聞を通じて疑似体験・追体験が可能になった。ただし，レトリックが発生し，目撃され，体験され，記憶される現場は，たとえメディアがどれほど人間の感覚を拡張してもたどり着くことができない空間にあるのではないか。

第4章

「旧修辞学」の復権

話芸の伝統,グレコ・ローマンの伝統

青沼　智

　子どもたちに大人気のゲーム・アニメシリーズ『妖怪ウォッチ』。このシリーズには,ケータやフミちゃん,ウィスパー,ジバニャン,コマさんらのレギュラーキャラクターに加え,ユニークな妖怪が登場

妖怪ウォッチ：公式ロゴ[1]

する。そして通算156話（2017年2月地上波放送）に登場するのが妖怪「スピーチ姫」だ。ゲーム開発元のレベルファイブ日野晃博CEOによれば,妖怪キャラは小学生が日々抱える「身近な悩み」を具現化したものとのことだ[2]。「大喝采スピーチ天国」を得意技とし,どんなネタでも感動のスピーチにしてしまうこの妖怪は,裏を返せば,人前で話をすることが,子どもたちにとっていかに身近で,かつ深刻な悩みなのかを表しているのだろう。

1 話芸とレトリック

　レトリックは，ことばの技術を駆使し「説く」＝「演じる」こと（演説）であり，それは私たちの日常の一部であることはすでにみた（☞第2章）。そして日本におけるレトリックの働きを考えるにあたっては，その源流にさまざまな「話芸」の伝統があることを忘れてはならない（関山，1978；Ishii, 1992）。

　たとえば，落語，漫才，漫談など私たちがテレビでよく見かける「お笑い」の多くが，基本的には，人前で話芸を披露することである。リズムネタや裸芸など，お笑いに流行り廃りはあれども，芸人たるもの，まずはことばで笑いをとれるよう芸を磨くべしという考え方[3]は，若手，ベテランを問わず多くのお笑い芸人に共有されているのだろう。また，講談・講釈，浪曲など最近テレビではあまり見る機会がなくなった大衆演芸も同様に話芸だ。

　芸人以外にも，アナウンサー，ニュースキャスター，お天気お姉さん・お兄さん，ナレーター，ディスク・ジョッキー（DJ），声優など，ことばのパフォーマンスを生業とする者は，現代の日本社会には数多く存在し，そのいくつかは子どもたちの憧れの的であったりもする。さらに南京玉すだれや蝦蟇の油売り・バナナの叩き売りの「口上」も，人前での話芸の披露に他ならない。

　こう考えると，日本を「レトリック不毛の地」（Morrison, 1972）

---

1) http://www.youkai-watch.jp/（最終確認日：2017年11月27日）
2) 「子どもたちの共感を得て「妖怪ウォッチ」が大ヒット！スマホでもヒットを目指すレベルファイブ」（『日経トレンディネット』2014年04月21日掲載記事）〈http://trendy.nikkeibp.co.jp/article/special/20140417/1056736/（最終確認日：2017年11月27日）〉
3) 「復帰の歌丸，日本のお笑い界に物申す　裸芸に「面白いと思われちゃ困る」」（2017年6月15日）『Oricon News』〈https://headlines.yahoo.co.jp/hl?a=20170617-00000306-oric-ent（最終確認日：2017年6月30日）〉

などと呼ぶことがいかに的外れかがよくわかる。たとえば日本では，会社のちょっとした集まりなどのとき，指名をして，一人ひとり順に立ちスピーチや自己紹介をごく当たり前のように行うが，そういったとき，話をする側もまた聞く側もみんな嬉々としてやっているようにみえる。国立国語研究所所長を務めた言語学者水谷修が指摘するように，日本人は人前に出て話すことが意外と好きなのかもしれない（水谷, 1979：59-60）。そしてそれとは対照的に，パブリック・スピーキングに恐れおののくアメリカ人[4]や，「人前でスピーチをするくらいならいっそ死んだほうがマシだ」と考えるロンドンっ子[5]も多いのである。

2　旧修辞学の不遇と復活

　古代ギリシャ・ローマで培われた旧修辞学（l'ancienne rhétorique＝古典レトリック）がことばの技術についてのスタンダードであり続けていることについてはすでに触れた。「発想」「配置」「修辞」「表出」「記憶」の五分科から構成されるレトリックのカノンは，たしかに現在も重宝されている。

　しかし同時に，ここまでの道のりにはかなりの紆余曲折があったことについても指摘しておきたい。たとえば，驚くべきことに古代ローマでは，ある時期レトリックを学ぶことが禁止されていた（Enos,

---

4) Wilkinson College of Arts, Humanities and Social Sciences. (2016). America's top fears: 2016 Chapman University survey of American fears.〈https://blogs.chapman.edu/wilkinson/2016/10/11/americas-top-fears-2016/（最終確認日：2017年6月30日）〉
5) Burgess, K. (2013, October 30). Speaking in public is worse than death for most. *The Times*（online ed.）.〈https://www.thetimes.co.uk/article/speaking-in-public-is-worse-than-death-for-most-5l2bvqlmbnt（最終確認日：2017年6月30日）〉

1972)。巧みなことばが反体制や貧困層の反乱を煽動しかねない,と時の権力者たちが恐れたことが一因のようだ（Williams, 2009：3）。

　さらに,ローマの政治や社会の腐敗が進みことばの力よりもカネが物をいうようになると,禁止されるまでもなくレトリックは用無しとなる。その後数百年続いた中世＝絶対的権力が人びとを支配したといわれることの多い「暗黒時代（the Dark Ages）」では,レトリックを重宝したのは聖職者や詩人など,ごく限られた者のみであった。さらに時を経て,いわゆる「ルネサンス」（古代ギリシャ文化への回帰運動）の一環で古典レトリックが再評価されたのもつかの間,近代から現代にかけては科学技術の台頭により,ことばを着飾る術に成り下がっていたレトリックに活躍の場は与えられなかった。

　長い不遇時代を経て旧修辞学に再び光が当てられたのは,ヨーロッパとは大西洋を隔てた北米であった。かねてよりリベラル・アーツの王道である「三学（trivium＝文法・論理学・レトリック）」中心であった新大陸の高等教育は,1776年のアメリカ合衆国建国後,そのグレコ・ローマンな志向がより一層顕著になる。合衆国第6代大統領ジョン・クインシー・アダムスが,かつてハーバード・カレッジのレトリック講師だったことはよく知られている。また現在においても,パブリック・スピーキングのトレーニングは政治家を志す者にとっては不可欠なものである。

　さらに20世紀に入り,ことばの技術を競う「フォレンジックス（forensics＝学校対抗のスピーチやディベート大会）」が盛んに行われるようになり,また高等教育の大衆化と相まって,英語（の読み書き）科目から独立する形で,スピーチ・ディベートなどのレトリック科目が設置されるようになった。ちなみにそれらの科目は,現在も多くの教育機関で必修とされている。そして第二次世界大戦後,『議論の手法』（Toulmin, 1958）や『新しいレトリック』（Perelman & Olbrechts-Tyteca, 1969）などのレトリック研究の名著がヨーロッパ

から北米へ「輸入」され、1970〜1980年代の「アーギュメンテーションのルネサンス」(Cox & Willard, 1982) を経て、現在に至る。

　腕に覚えのある一部を除き、多くのアメリカ人がスピーチ下手を克服することを半ば「強制」されている状況は気の毒に思えるかもしれない。一方で、米国が「自由と平等」の看板を掲げ、「人民による、人民のための、人民の政治」を理想とする国家であることを考えると、好むと好まざるとにかかわらず、デモクラシー（民衆による・民衆の統治）への参加の手段として不可欠なことばの技術を人びとが身につけなければならないのは（少なくとも建前としては）仕方のないことだろう。

❸　現代日本のレトリック感覚

　ここで日本のレトリックに話を戻したい。ことばの技術を駆使し「説く」＝「演じる」ことについて、私たちの多くはさほど違和感や嫌悪感をもたない。たとえば、有名人やタレントが「いい話」「感動する話」を披露しあったり、自分の過去の「しくじり」を涙ながらに語るテレビ番組が人気を博している。教育現場ではプレゼーテーションやディベートなど、オーラル・コミュニケーションの技術を重要視したさまざまな取り組みがなされている。さらにディベートや討論がお笑い番組や情報バラエティ番組の一部となっていたり、またマンガや若者向けライト・ノベルに登場したり (Tajima, 2015) と、人前でことばの技術を披露することが、ポピュラー・カルチャーのコンテンツにもなっている。

　このように、私たちの日常は信じがたいほどレトリックで満たされている。にもかかわらず、これまで私たちは、これらことばの技術を駆使したさまざまなパフォーマンスを、必ずしもはっきりとレトリックとして認識してはこなかった。私たちは演説に代表される

図 4-1 「退化論―消え行くモノも良いモノじゃんTV」の1シーン[6]

街頭のことばのとてつもなく大きな力から目を背け，レトリックの居場所を小説や詩，戯曲といった限られたスペースのみに限定し，気がつけば狭義の「文学」の範疇でしかことばの力を語れなくなってしまったのだ。

たとえば約40年前，レトリックについて書かれたある書籍が話題を呼んだ。言語哲学者佐藤信夫が著した『レトリック感覚』である。現在も文庫として版を重ね読み継がれている名著であるが，本書に登場するレトリックはそのほぼすべてが「文芸作品」である。そして佐藤は，夏目漱石の小説から詩人中原中也の「北の海」に至る，「創造的認識」を可能とする達人の技巧（彼のいう「新レトリック」）が，「欧米」では「にぎやかと呼んでいいような活気を示し」ており，しかも「その多くは，古いレトリックの成果を細密に再検討するよりは，レトリック風な考え方を新規に樹て」「古代レトリックのカバーしていた五分科の領域をもはみだそうという元気の良さ」（佐藤，1978：46-47）であると述べる。

佐藤の『レトリック感覚』に先立つこと10年，日本のレトリックの「文学化」を指摘したのが心理学者の波多野完治である。波多野は，政府の弾圧に加え，「口頭言論の文書依存傾向」すなわち「本来「両方交通」的であるべき，口頭弁論が［中略］一方交通の「漢詩文」や文書をモデルとして工夫がこらされ，理論が構築された」ことを，日本のレトリックが未発達な要因としてあげる（波多野，1968：97-98）。そして「日本の演説にとって」の「不幸」は「大正

6）石川テレビ制作，2016年。

期デモクラシーとならんで日本国民の政治意識の高揚した昭和初年,すなわちマルクス主義の『宣伝煽動論』に,演説の位置が確立されなかったこと」(波多野, 1968：97) と結論づけ,憂う。

　こう考えると,欧米とはまた違った不遇を日本のレトリックは被ってきたといわざるをえない。話芸＝オーラル・コミュニケーションの伝統というバックボーンがあるにもかかわらず,人びとを説得し,社会を変え,さらには国をも動かすことばの力としてのレトリックという視点や,ことばの技術を駆使した街頭でのパフォーマンスを政治参加のメディアと捉える感覚が,現代日本のレトリック論には欠けている。その証拠に,佐藤の『レトリック感覚』が現在も読み継がれている一方で,ラディカルなレトリック論を中心的課題として取り上げた波多野の論考は忘れさられたかのようである。レトリックをもっぱら文学表現の技法として捉える従来のアプローチは,近代から現代における日本のレトリックを考える際,私たちが乗り越えなければならない大きな壁ではないだろうか。

❹ 「道なき道,反骨の」[7]

　私たちは,演説というシンプルなことばのパフォーマンスの力を侮ってはいけない。文学者の高橋源一郎は,『非常時のことば』のなかで,「3・11」後の世界を生きる私たちに必要なのは,目前の聴衆に対する演説ではなく,時空を超え生き続ける文学のことばであると説いた (高橋, 2012)。その彼が 2015 年夏,安保法制に抗し日本中で声をあげた多くの人たちの街頭のことばに「眠る魂に火をつけ

---

7) 作詞：谷中敦,作曲：川上つよし,演奏：東京スカパラダイスオーケストラ feat. Ken Yokoyama. *Tokyo Ska Paradise Orchestra Official.* 〈https://www.youtube.com/watch?v=D99mpBd8ZV0（最終確認日：2017 年 6 月 30 日）〉

図4-2　宮武外骨

られた」と記している（高橋, 2016）。

　実際，ポップ・スターやジャーナリストなど，演説よりもずっと影響力が大きいと思われる言説様式を操る者のなかにも，この極めてシンプルなオーラル・コミュニケーションの実力を認める者がいることを忘れてはならない。

　明治，大正，昭和を生きた反骨のジャーナリスト宮武外骨がその一人だ。彼の著した『明治演説史』（宮武, 1929）には演説に対する畏敬の念が満ちており，その化粧箱には「明治演説史　これを政治的に言えば専制政治の壓迫（あっぱく）　これを思想的に言えば民権論者の反抗　これを社会的に言えば官民衝突の騒動」と刺激的な表現が並んでいる。徹底して反権力を貫き，何度も投獄・罰金・発禁処分を受けた「言論のテロリスト」（吉野, 2012）にとっても，明治政府に楯突き，国会開設の原動力となった「言論機関としての弁舌」（宮武, 1929：1）の「破壊力」は相当なものだったのだろう。ジャーナリストの「ペン」は「剣」よりも強いとよくいわれるが，さらにそのジャーナリストのことばよりもパワフルなのが演説のレトリックということなのかもしれない。

図4-3　横山健[8]

　反骨のパンク・ロッカー，HI-STANDARDの横山健も外骨同様，演説のもつ力を認める一人である。彼はこう述べる。「音楽で社会を変えようとか，そういう意見があったとするじゃな

8）撮影：Kazuma Horiguchi 〈http://www.newaudiogram.com/premium/133_kenyokoyama/（最終確認日：2017年6月30日）〉

いですか。ぼくは社会を変えるんだったら，弁士になったほうがいいじゃないかと思うんです。[中略] 弁論したほうがよっぽど響くと思います。音楽より」（Onojima, 2010)。1990年代初頭より日本のパンクロックシーンを牽引してきた横山は，パフォーマー（ギタリスト，ボーカリスト）の立場から，加えてインディーズ・レーベルPIZZA OF DEATH RECORDSの社長としても，人をそして社会をも動かす，音楽のとてつもない力を人一倍わかっているはずである。その横山でさえ一目置かざるをえないのが，演説という，人前でことばを発するシンプル極まりないパフォーマンスなのだ。

5 ポピュラー・カルチャーとレトリックの伝統

　ことばの技術を駆使した人前でのパフォーマンス，それが演説である。極めて古臭く，シンプルで，かつパワフルなコミュニケーション行為だ。もちろん，時代の流れとともにその手法や戦術・戦略は変化する。アテナイのアゴラでの演説と電子メディア隆盛の時代の演説がまったく同じものではありえないのは至極当然だ（Jamieson, 1988)。現代の文化は「二次的な声の文化」，つまり電話やラジオ，テレビなど文字に基づく声の文化（literate orality）であり（Ong, 1982：133)，いくら演説が肉声中心とはいえ，文字が生まれる前の口承文化の時代に戻るべくはない。一方で，街頭に立ち，人びとに向かって自分の思いのたけを訴える若者が，スマホの画面上のアウトラインを使おうが手書きのメモを使おうが演説は演説であり，大きな違いはない。

　街頭のことばの技術体系として，古典レトリックは今もなお有用である。たとえば米国では，政治家や法律家はもとより，さまざまな領域で世間に対し「物を言う」人びとのなかには，学生時代に「フォレンジックス」で鳴らした者が多い。映画監督のマイケル・ムー

ア，人気トークショーホストのオプラ・ウィンフリー，ロック・シンガーのブルース・スプリングスティーン，コメディアンのハサン・ミナージュ，これら一癖も二癖もある人びとの共通点は「元ハイスクール・ディベーター」だ。

一方，演説は話芸の伝統を源流とする由緒正しい日本のコミュニケーションである。そして，日本の話芸は，体制に対し多分に「批判的」だ。たとえば漫才や漫談には，時の権力者・政治家の言動を笑いや風刺の対象とした「時事ネタ」がみうけられるし，大喜利などで頓智のきいたダジャレや都々逸を使い政府の政策を揶揄したり皮肉ったりする落語家もいる。にもかかわらず，選挙のたびに話題となる「タレント議員候補」のなかに，話芸を生業とする候補者が思いの外少ないのは興味深い。スポーツ選手や歌手などより，有権者たる大衆の代弁者としてはよっぽどうってつけの存在であるはずだが。

● ディスカッションのために
1 「日本人は意外と人前で話すことが好き・得意である」という命題の真偽を確かめるべく，討論・ディベートをしてみよう。
2 巷に出回っているスピーチやプレゼンテーションの指南書に古典レトリックの知見はどれくらい使われているのか，調べてみよう。
3 肉声中心の古典レトリックと現代の「二次的な声の文化」におけるそれとを比較し，相違点を論じてみよう。

● 引用・参考文献
佐藤信夫（1978）．『レトリック感覚—ことばは新しい視点をひらく』講談社
関山和夫（1978）．『説教の歴史』岩波書店
高橋源一郎（2012）．『非常時のことば—震災の後で』朝日新聞出版
高橋源一郎（2016）．「デモ，眠る魂に火をつけた—高橋源一郎さんが見た

1年3ヵ月」『朝日新聞』（2016年8月27日）〈http://www.asahi.com/articles/DA3S12530117.html（最終確認日：2017年6月30日）〉

波多野完治（1968）.「日本のレトリック―その心理と論理」『思想』*532*, 87-102.

ペレルマン, C./江口三角［訳］（1986）.『法律家の論理―新しいレトリック』木鐸社

水谷 修（1979）.『話しことばと日本人―日本語の生態』創拓社

宮武外骨（1929）.『明治演説史』成光館書店

吉野孝雄（2012）.『宮武外骨伝』河出書房新社

Cox, J. R., & Willard, C. A. (eds.) (1982). *Advances in argumentation theory and research*. Carbondale: Southern Illinois University Press.

Enos, R. L. (1972). When rhetoric was outlawed in Rome: A translation and commentary of Suetonius's treatise on early Roman rhetoricians. *Speech Monographs, 39*, 37-45.

Ishii, S. (1992). Buddhist preaching: The persistent main undercurrent of Japanese traditional rhetorical communication. *Communication Quarterly, 40*, 391-397.

Jamieson, K. H. (1988). *Eloquence in an electronic age: The transformation of political speechmaking*. New York and Oxford: Oxford University Press.

Morrison, J. L. (1972). The absence of a rhetorical tradition in Japanese culture. *Western Speech, 36*, 89-102.

Ong, W. J. (1982). *Orality and literacy: The technologizing of the word*. London: Metheum.

Onojima, D. (2010). Ken Yokoyama four interview. Newaudiogram. 〈http://www.newaudiogram.com/premium/133_kenyokoyama/（最終確認日：2017年6月30日）〉

Perelman, C., & Olbrechts-Tyteca, L. (1969). *The new rhetoric: A treatise on argumentation*. Trans. J. Wilkerson, & P. Weaver. Notre Dame: University of Notre Dame Press.

Tajima, N. (2015). What is educational debate for? An analysis of high school and college debate in Japanese popular culture. In C. H. Palczewski (ed.), *Disturbing argument: Selected works from the 18th NCA/AFA Alta Conference on Argumentation*. Oxon: Routledge, pp.438-443.

Toulmin, S. (1958). *The uses of argument*. London & New York: Cambridge University Press.

Williams, J. D. (2009). Introduction. In J. D. Williams (ed.), *An introduction to classical rhetoric: Essential readings*. West Sussex: Wiley and Sons, pp.1-6.

第5章

新しいプロパガンダの時代
魅力的なイメージに潜むメッセージ

平野順也

漫画はたとえ一コマであっても人びとに大きな影響力を与えることがある。「意図的なバランスの崩壊」(フックス, 1993：115)によって，よく知られている人物の容姿をグロテスクに，また面白おかしく描写することができる風刺画は，多くの読者を魅了する。一方で，それは悪用され，人びとを混乱に陥れることもある。たとえば，数世紀にわたって繰り返し行われてきたユダヤ人に対する嘲笑は，反ユダヤ主義的風刺画によっ

ロシアの新聞で，スパイとして描かれたユダヤ人の風刺画
(フックス, 1993：336)

て生み出されてきた。ユダヤ人は私欲にまみれた高利貸し，策略家，豚，スパイ，そして犯罪者として描かれ，彼らに対する不当な憎悪を強固なものにした。2015年，パリのシャルリー・エブド社や印刷会社を襲撃するテロ事件が発生し，17人の命が失われた。事件の引き金は，雑誌に掲載されたイスラム教預言者の風刺画だった。私たちが魅了されるのは風刺画だけではない。私たちは身の回りのあらゆるものに影響され，混乱させられ，扇動させられているのだ。

1 大統領に宛てた少女の手紙

2001年9月11日，米国を四つのテロ事件が襲う。ハイジャックされた航空機がワールドトレードセンター，そして国防省本部庁舎ペンタゴンに突入した。それから約1ヵ月後の10月7日，アメリカはテロリストを匿っているとしてアフガニスタンに「武力攻撃」を行う。当時の大統領ジョージ・W・ブッシュは宣戦布告演説で，この戦いは世界平和を保つために必要であり，数多くの犠牲者をだすだろうが，国民が団結し戦い続けなければならない，と力強く訴えた。そして彼は演説の最後で，最近受け取った手紙について言及する。その手紙の送り主は軍人の父親をもつ小学4年生の少女だ。ブッシュ元大統領によると，この手紙には，テロリズムによって傷ついた国民に，米国のあり方を教えてくれるような内容が記されていた。「パパに戦ってほしくはないけれど，パパをあなたに託します」。そして，ブッシュ元大統領は次のように訴えた。

> これは貴重な贈り物，彼女が与えることができる最大の贈り物だ。幼いこの少女は米国とはどのような国なのかを正確に理解している。テロ以降，若い世代の米国人全員が，自由の価値，そのための代償や犠牲の重要性を再認識しただろう。闘いは始まった。我々は迷うことも，諦めることも，失敗することもない。平和と自由の闘いが勝利を収めるのだ。(Bush, 2011)

彼が宣戦布告演説の最後に少女からの手紙について語ったのは，レトリカルな効果が期待できると考えたからだろう。たとえば30代の男性からの手紙を紹介したとすれば，意図されたであろう説得効果は生まれない。「幼い子ども」ですら，米国の本質を理解していると強調することで，「大人」から戦争に反対するという選択肢

を奪っているのだ。この効果のメカニズムを知るには,「新しいプロパガンダ」について理解する必要がある。

これまでレトリックはその効果ゆえに積極的に政治利用されてきた。プロパガンダはレトリックが活用(悪用,といってもよいかもしれない)された最たる例である。しかし現代では,民衆の興味や問題意識の変遷にともない,マーケティング戦略を基にした「新しいプロパガンダ」が乱用されている。前述の少女の手紙の例もそのことを考慮することなしには説得効果の全容が明らかにならない。ここでは,従来のプロパガンダの特色を検証し,「新しいプロパガンダ」とそれを比較することで,その特色と危うさについて探っていく。

2 凶暴なプロパガンダ

❖ヒトラーの民衆操作

そもそもプロパガンダとは 1622 年に創設されたカトリック教会の布教聖省の名称である(プラトカニス・アロンソン, 1998)。武力を使用した伝道活動が期待した結果をもたらさないことに対し,教皇グレゴリウス 15 世は,人びとの「自発的」な受容が信仰には必要だと考えた。そうした受容を助長するために,戦略的に大衆説得活動を展開したのである。そして感情や心理を操作することにより行われる政治的喧伝活動としてプロパガンダが認識されるようになったのは,第一次世界大戦時であった。民衆の「自発的」な受容が国をあげての戦争には不可欠であり,それを可能にするために,感情を過度に刺激することによって行われる民衆操作活動が重要になったのである。

そうしたプロパガンダをうまく利用したのがヒトラーであった。民衆を扇動し,未曾有の悲劇へと導いた彼は,自著のなかで演説の効果を火に例えている。偉大な運動はすべて民衆が土台となっている。民衆運動は「人間的情熱と精神的感受性の火山の爆発」であり,

それは「民衆のもとに投げ込まれたことばの放火用炬火(きょか)によって煽動」(ヒトラー, 1961：116-117) される。ヒトラーは, 民衆を動かすためには知的に訴えるより, 感情を刺激すればよいと考えていたのだ。

ヒトラーは新聞や広告, ラジオ, そして映画といったメディアを積極的にプロパガンダに利用しようとした。これらのメディアが, 老若男女に関係なく民衆を魅了することができるのは容易に想像できるだろう。プロパガンダは演説とは異なり, 私たちの政治に対する興味も知的な解釈も必要とはしない。感情的に刺激され扇動されることになる「非政治的な人間を獲得する」(ミュンツェンベルク, 1993：43) ために, プロパガンダは乱用されるのだ。

❖放送中止になったテレビ広告

「ワン, ツー, スリー, フォー, ファイブ, セブン, シックス, シックス, エイト, ナイン……」。通称『ヒナギク』として有名なテレビ広告は, 野原で幼い少女が雛菊の花びらを数えながら, ちぎっていく場面で始まる。だが, 彼女が「テン」と言う声はミサイル発射の秒読みを行う男性の声にかき消されてしまい, 私たちの耳に届くことはない。画面上の少女の表情は静止し, 不気味に拡大される。そして秒読みがゼロに達したとき, 水素爆弾の大爆発が画面全体に映し出される。きのこ雲が映されるなか, 「神の子供である我々すべてが生き続ける世界にするか, 奈落の闇に落ちていくか, という危険に我々は直面している。愛し合うか, 死滅するか」という声が聞こえてくる。最後に, 「11月3日には, ジョンソン大統領に投票しよう。危険は迫っている。無視はできない」と訴える。

これは, 1964年米国大統領選挙活動中, 当時のジョンソン大統領候補が行った選挙運動の一つである。ジョンソンは, 暗殺されたジョン・F・ケネディ大統領の後任として1963年11月に就任した現職の大統領であり, 民主党選出の現職候補として「再選」(彼

自身にとっては初の大統領選）を目指していた。そして，対立候補である共和党のバリー・ゴールドウォーターの核爆弾使用を許容する発言を受け，ジョンソン陣営はテレビ広告『ヒナギク』を制作した（Ansolabehere & Iyengar, 1995）。

図 5-1 『ヒナギク（Daisy）』[1]

　幼い少女が水爆によって殺害されることを示唆するこの映像は衝撃的であった。テレビ広告という映像メディアを駆使し感情を刺激するだけではなく，最後には「愛か死滅か」といった強烈な「ことばの放火用炬火」をもって同意を強要しようとするプロパガンダの凶暴性がここからみえてくる。そのためこの広告は強い批判を浴び，一度放送されただけで再び選挙運動で使用されることはなかった。

　従来のプロパガンダはその凶暴性ゆえに批判を受けやすい。ならば，拒否反応を助長しないようにそれを隠蔽し，民衆に強く訴えるのではなく，語りかけるようにすればよい。そのためには「新しいプロパガンダ」が必要なのだ。

3　新しいプロパガンダ

❖民衆の総意

　「新しいプロパガンダ」がいかに生み出されたのかを説明するまえに，ウォルター・リップマンが論じた輿論（public opinion）と世論（public sentiment）の違いについてみていこう。リップマンは民主主義の原理は達成できない理想でしかないと主張した。民衆は

---

[1] http://archives.nbclearn.com/portal/site/k-12/flatview?cuecard=2362
（最終確認日：2016 年 8 月 15 日）

「物事に精通せず,関心も持続できず,党派的で非生産的,人任せである」(リップマン,2007：45)。彼にとって,民衆とは政治に対して十分な知識や興味,また責任感をもっていない人びとの集まりでしかないのだ。また,民衆は孤立することを恐れるために,同じ興味をもつ他人と群れる。一人ではたいした能力や影響力をもち合わせていないにもかかわらず,群れることによって「力」を誇示しようとするというのである。

世論は民衆の総意という「力」の一種であるが,その「力」は形骸化しているというのが,リップマンの考えである。たとえば,現在では世論と輿論は類語のように扱われており,意味としてはそれほど大きな違いはない。『広辞苑』では,世論と輿論は「世間一般の人が唱える論」(新村,1998：2768)を意味し,世論は輿論の代わりに用いる表記であると説明されている。しかし,リップマンにとって,世論と輿論は本質的に異なる概念である。世論とは民衆の「感想」であり,輿論は民衆の「意見」なのだ。

輿論の根幹は合理的で知的な判断である。輿論とは,社会という「御輿(みこし)」を共に担ぐという人びとの使命感,そして「御輿」を正しい方向へ運ぼうとする人びとの知的かつ合理的な判断によって形成された意見である。すなわち,輿論の形成には人びとの責任感や使命感が必要になる。しかし,民衆は知的に政治を考えようとしないため,感情によって世論を構築するしかない。リップマンにとって世論とは,ただ漫然と日々を過ごす人びとがいかなる理性や熟考にも基づかないまま,ある問題に対して感情的あるいは突発的にもつに至った軽薄な考えでしかない。

❖広告代理店とマーケティングの時代

民衆の感想に働きかける「新しいプロパガンダ」は輿論形成とは無関係である。一方で,この世論と輿論の戦略的混同は,広告・マーケ

ティング・PR に活用され，その効果を十二分に発揮しているようだ。

　民衆操作としてのプロパガンダの起源は 1843 年にまで遡ることができる（プラトカニス・アロンソン，1998）。その年は米国フィラデルフィアで最初の広告代理店が誕生した年である。「商品」を売るためには，人びとの興味やニーズを把握しなければならない。そして，それらに合わせてマーケティング戦略を構築する必要がある。そのため，広告代理店の誕生後，マーケティング調査会社や「世論」調査会社などが次々と生まれることになる。

　しかもそれだけではない。ビジネスが学問領域にまで浸透し，広告や販売といった経営関連の講義が大学でも開講されるようになる。そして，「商品」を少しでも多くの消費者に「購入」させるためのビジネス戦略の原理が，政治活動や選挙活動に応用されることになったのである。すなわち，政治的思想や理念までもが商品のように「販売」されるようになったということである。「人類は，狩猟採集民から買物客へと進化をとげた」（プラトカニス・アロンソン，1998：9）のだ。

　この「進化」に合わせ，政治までもがまるで「商品」を「販売」するかのように行われるようになると，買い物客の興味やニーズに合わせた「新しいプロパガンダ」（プラトカニス・アロンソン，1998：8）が誕生する。「世論」調査会社が広告代理店の影響を受け誕生したというのは偶然ではないだろう。「新しいプロパガンダ」は民衆の感情に働きかけ，「感想（sentiment）」を引き出そうとする戦略である。「買物客」には使命感も責任感も必要ない。何が売れるか，どのような人物が民衆を魅了するかを理解するためには，民衆の「感想」を分析すればよい。購買欲や投票行動には知性や責任感は関係ないといわんばかりである。

4 政治家のイメージ戦略

　日本の啓発活動や政治活動はすでに「新しいプロパガンダ」に染まっているかのようである。日本では年間2万から3万もの人が自殺し，自殺未遂者はこの数の20倍に達する（谷所，2013）。2012年，このような悲惨な現状を改善するために，内閣府は斬新な自殺防止活動を始める。「あなたもGKB47宣言！」と名づけられたこの活動に，イメージ・キャラクターとして起用されたのは，アイドルグループのAKB48だった。

　しかし，この活動や名称に批判が集中するという事態が生じる。自殺対策に取り組む全国72の民間団体（2012）は，「GKB47」は「AKB48」のことば遊びで自殺という深刻な問題を軽視しており，また「GKB47」はゴキブリ死ねと読むこともできるため当事者を傷つける可能性があるとの抗議声明[2]を発表した。こうした不謹慎だとする国民の反対の声を受け，政府は発足の約2週間後にこの名称を撤回した。しかし，AKB48は引き続き起用された。

　実際，政治の世界では，かなり前からキャラクターが政治活動に利用されている。たとえば，近年，内閣総理大臣たちはこぞって自分をキャラクター化し，世間に「売り出し」ている。たとえば，鳩山由紀夫首相（第93代）は自身をデフォルメしたキャラクター「宇宙人ゆっきー」を登場させ，野田佳彦首相（第95代）は「どじょう」と称された「地味で泥臭い」イメージを逆手に取り，どじょうの被り物を着けた自身のイラストがパッケージに描かれた「どじょうかりんとう　夜明けのお菓子」なる商品を世に送り出した。また

---

[2] 自殺対策に取り組む全国72の民間団体（2012）によると，「冗談にもほどがある」「人の死をバカにするな」「本当に苦しい状況に追い込まれている人がどう感じるか想像できないのか」といった批判が集中したという。

第 5 章　新しいプロパガンダの時代　65

安倍晋三首相（第 90 代および第 96 ～ 98 代）は，「安倍総裁・石破幹事長　ゆるきゃら」が使用されたクリアファイルやエコバッグなどの自民党グッズを生み出した。

図 5-3　自民党が販売した「安倍総裁・石破幹事長 ゆるきゃら エコバック」[3]

　なかでも忘れてはならないのは，「ローゼン閣下」こと麻生太郎首相（第 92 代）である。マンガ好きを公言してはばからない麻生氏は，趣味を同じくする一部のサブカル愛好者の絶大な支持を集めているようで，中野と並ぶ「サブカルの聖地」，秋葉原の中央通りのとあるビルには，折に触れ，「Good Old Dude」「I LOVE AKIBA」「オレ達の太郎！」「チョイ悪オヤジ」のキャッチコピーと共に，麻生氏のイラストが描かれた垂れ幕が掲げられる[4]。ちなみに自民党は，選挙の際，投票前日の演説会を秋葉原で行うことが近年通例となっており，ある党幹部によれば，JR 秋葉原駅前は，自民党総裁が選挙戦最終日に演説を行う「聖地」となっているとのことである[5]。

　政治に関する意見が政治家のキャラについての語りとなったり，またそのキャラが商品として販売されるようになったりすれば，輿論の出る幕はなくなってしまう。この手の「新しいプロパガンダ」には過激な説得さえも不要である。人気アニメやテレビゲームのキャラクターに扮し，微笑み，語りかけ，印象操作に勤しむことは，

---

3) 自由民主党 HP より 〈https://www.jimin.jp/news/activities/129775.html（最終確認日：2016 年 8 月 15 日）〉
4) http://akibamap.info/archives/51111138.html（最終確認日：2018 年 1 月 27 日）
5) https://dot.asahi.com/wa/2017070100030.html（最終確認日：2018 年 1 月 27 日）

私たちが代議士に託した職務ではない。AKB48といったアイドルが啓発活動に利用されたり，熊本県の営業部長兼しあわせ部長「くまモン」が自衛隊の迷彩服を身につけて駐屯地のイベントに参加したりといった，いわばイメージや夢，またキャラを売る職業人が本来の業務に従事することとはわけが違うのだ。民衆の感情に訴えかけることによって，民主主義の形骸化に自らが手を貸していることに彼ら・彼女らは気がつかないのだろうか。

❺ 宣戦布告演説に隠されたメッセージ

ここで，ブッシュ元大統領がアフガニスタン戦争に向けて行った宣戦布告演説がいかに「新しいプロパガンダ」の編み込まれた戦略であったのかを考えてみよう。前述したように，ブッシュ元大統領は演説の最後で，不安を感じつつも，平和と自由のために軍人の父親を戦場に送り出す少女を米国の「良心」として紹介した。この手紙のレトリカルな効果とは何だろうか。

ブッシュ元大統領は，この演説の最後を，西部劇のクライマックスのように演出した。彼の演説を聞く「非政治的な人間」は，戦争の是非について知的かつ合理的な判断を行うこともなく，映画を鑑賞する観客のように魅了されてしまったのである。映画やドラマという「商品」によって，「少女」からどのような意味を読み解かなければならないのかは米国民の間であらかじめ共有されている。テキサス州知事を務め，米国南部に根強く残るカウボーイのイメージを利用していたブッシュ元大統領は，その効果を十分知っていた。

米国の「古き良き時代」を懐郷させるカウボーイは，精勤な労働者のイメージを想起させ，冒険心や正義感，愛国心といったことばを連想させる。米国で制作された数多くの西部劇の登場人物のように，テンガロンハットやジーンズに身を包み，まるでカウボーイである

かのように普段から振舞っていたブッシュ元大統領は，カウボーイの神話を政治に利用するという戦略をとったのだ (Hoffman, 2011)。

多くの西部劇には同じような筋書きが用意されている。主人公は誠実で仕事に精を出すカウボーイ。ある時，悪の集団が登場し，街の住人や彼が愛する人びとを恐怖に陥れる。暴力に手を染めたくはないが，愛する人のため，また街の平和と自由のために，カウボーイは悪に立ち向かうことを決意する。映画では最後の戦いの前に必ず登場する場面がある。それは，戦うことを決めた主人公に，彼の恋人や子どもが諦めるように説得しようとする場面だ。しかし，正義や自由，平和のために自分が犠牲になっても戦わなければならないのだと，彼は告げる。そして，恋人や子どもはその使命に納得し，「英雄」を戦いに送り出すのだ。

6 レトリックの功罪

「新しいプロパガンダ」も過度に悪用されたときには，批判を集める。「あなたもGKB47宣言！」では，自殺に追い込まれる人たちを蔑視するような名称が人びとの反感を買った。そのため民衆を先導しようとする側は，失敗しないように巧妙な戦略を企てることになる。私たちが特に注意しなくてはならないのは，操作された情報，虚偽，意図が包み隠された言動である。なぜならば，そのような言動は，私たちのもとにさりげなく届けられ，同調を促すことが可能だからだ。「新しいプロパガンダ」では，差別的な思想や価値感であっても，私たちに気づかれないような装いで提供される。過激ではないからこそ，違和感を覚えないからこそ，そうした政治的メッセージには注意する必要があるのだ。

ヒトラーの『わが闘争』の分析を通してバーク (Burke, 1941) は，私たちにとって重要なのは，悪用される説得技法を徹底的に分析す

ることによって,悪の手の内を暴露することだと説明した。民衆の扇動は政治家によってのみ行われているわけではない。『ヒナギク』のような説得の時代は終わった。「新しいプロパガンダ」の時代では,思想や理想,政見や人物といったあらゆるものを商品として「販売」する戦略に潜むレトリックを読み解く必要がある。プロパガンダにレトリックは悪用される。しかし,その「悪事」を暴くためにもレトリックが必要とされているのだ。

● **ディスカッションのために**
1 メディアを利用したプロパガンダの効果,そしてそれがもたらす問題の両方を考えてみよう。
2 メディアを利用したプロパガンダの例をあげ,どのような制作者の意図が隠されているかを考えてみよう。また,それが成功(もしくは失敗)した理由を考えてみよう。
3 なぜ日本社会ではキャラクターを利用し民衆を説得しようとする傾向が強いのだろうか。あるいはそれは日本だけに限らないのかもしれない。あわせて考えてみよう。

● **引用・参考文献**

自殺対策に取り組む全国72の民間団体 (2012).「自殺対策強化月間に政府が企てる『GKB47』に対する抗議声明」自殺対策支援センターライフリンク〈http://www.lifelink.or.jp/hp/top.html(最終確認日:2016年8月15日)〉
新村　出[編](1998).『広辞苑　第5版』岩波書店
谷所由紀子 (2013).「経済的要因に起因する自殺への取組み」日本医療政策機構
ヒトラー, A./平野一郎・高柳　茂[訳](1961).『わが闘争』黎明書房
フックス, E./羽田　功[訳](1993).『ユダヤ人カリカチュア―風刺画に描かれた「ユダヤ人」』柏書房
プラトカニス, A.・アロンソン, E./社会行動研究会[訳](1998).『プロパガンダ―広告・政治宣伝のからくりを見抜く』誠信書房

ミュンツェンベルク, W. ／星乃治彦 [訳] (1993). 『武器としての宣伝』柏書房
リップマン, W. ／河崎吉紀 [訳] (2007). 『幻の公衆』柏書房
Ansolabehere, S., & Iyengar, S. (1995). *Going negative: How political advertisements shrink & polarize the electorate*. New York: The Free Press.
Burke, K. (1941). The rhetoric of Hitler's "battle." In K. Burke. *The philosophy of literary form: Studies in symbolic action*. Berkeley, LA: University of California Press, pp.191-220.
Bush, G. W. (2011). Presidential Address to the nation. October, 7 〈https://georgewbush-whitehouse.archives.gov/news/releases/2001/10/20011007-8.html（最終確認日：2016 年 8 月 15 日）〉
Hoffman, K. S. (2011). Visual persuasion in George W. Bush's presidency: Cowboy imagery in public discourse. *Congress & the Presidency, 38*, 322-343.

第6章

レトリックを演じる人びと
ポピュラー・カルチャーとパフォーマー
青沼　智

　第二次世界大戦前夜の 20 世紀初頭，「皇軍」慰問のため多くのパフォーマーが外地（中国大陸や南方戦線）に派遣された。その一つが，「わらわし隊」である。わらわし隊は朝日新聞社と吉本興業が共同で組織した演芸慰問団で，各地の部隊の兵士の前で戦意高揚のためのステージを展開した。派遣メンバーは落語家の柳家金語楼や講釈師の神田ろ山，漫才の花菱アチャコ・千歳家今男などの人気者だったが，特に人気が高かったのが，し

ミスワカナ・玉松一郎

ゃべくりに歌を交えた漫才で飛ぶ鳥を落とす勢いだった夫婦コンビ，ミスワカナ・玉松一郎だったと伝えられている。だが，その後二人は離婚。終戦 1 年後にワカナは病死。相方だった一郎は 2 代目（後のミヤコ蝶々）・3 代目（初代ワカナの実娘）ワカナらとコンビを続けたが，人気は初代と組んだ全盛期に遠く及ばなかったという。

1 「10代の教祖」の卒業ソング

　尾崎豊を聴いたことがあるだろうか。シンガーソングライター尾崎裕哉の父であり，自身も1983年のデビューから1992年に突然この世を去るまで，若者から圧倒的に支持されていた稀代のシンガーソングライターだ。今でこそアーティストとしての尾崎や彼の書いた詞の文学性をポジティブなものとして学術的に論じることも珍しくなくなったが（池田，2015；宮崎，2006），彼の歌は基本的に「不良（の勧め）ソング」であった。尾崎が発した攻撃的なことばの数々は，当時，全国の「不良」やその予備軍のみならず，学校や社会に対する疑問，反感，怒りを内に秘めた不良になりきれないティーンエイジャーの心をも掴んだ。そして彼は「反抗する若者のカリスマ」「10代の教祖」となった。そんな彼の人気を苦々しく思っていた「大人」が数多く存在したことは，無論，いうまでもない。

　『卒業』は，そんな尾崎が残した歌の一つだ。高校を卒業することなく中途退学した彼が歌うこの歌は，卒業ソングとしてひときわ異彩を放っている。彼が歌うのはただ一つ，「大人＝支配」とのいつ終わるとも知れない闘いだった。

> 行儀良く真面目なんてできやしなかった
> 夜の校舎窓ガラス壊してまわった
> 逆らい続けあがき続けた　早く自由になりたかった
>
> 信じられぬ大人との争いの中で
> 許しあい一体何解りあえただろう
> ひとつだけ解ってたこと
> この支配からの卒業

「若者のカリスマ」尾崎は学校での自由が見せかけであることをわかっていた。そして絶対的権力者にみえた先生は，実は彼ら自身も「大人の代弁」を強いられている「縛られたか弱き子羊」にすぎず，学校を辞め「この」支配からたとえ卒業しても，また別の「代弁者」が登場し，大人の言い分を代執行するがごとく「俺を縛りつける」だろうことも彼は知っていたのだろう。

　一方，1980 年代から 90 年代にかけ思春期を過ごした全国のティーンエイジャーにとっては，尾崎こそが自分たちの「代弁者」であった。彼ら・彼女らの多くが，尾崎を「縛られたか弱き子羊」たる自分たちの側に立つスターとして捉えていたことは確かだろう。亡くなってもう四半世紀が過ぎたが，彼の歌の多くは世代を超え，誰にでも愛されるような類のものではないかもしれない。しかし，彼からいまだに卒業しきれていない，老いたかつての若者のなかには，この若くして亡くなった「10 代の教祖」が残した「不良（の勧め）ソング」を自分のフェイヴァリット・ソングとして聴き続けている者も少なからずいるはずだ。それは必ずしも，尾崎本人が望んだような聴かれ方ではないかもしれないが。

2　ポピュラー・カルチャーの危険なレトリック ──

　古今東西，人間社会には「格差」に基づく支配・被支配関係が常に存在し続けてきた。「もてる者」と「もたざる者」という社会の「二分化」は，21 世紀を生きる私たちにとって重要な課題の一つであり，「格差社会」ということばが 2006 年度の「新語・流行語大賞」にノミネートされたことからもわかるように，これは現代日本の否定し難い現実でもある。

貴族＞平民	特権階級＞庶民
ブルジョアジー＞プロレタリアート	上流階級＞下層階級
富裕層＞貧困層	1％＞99％

　「もてる者」たち（上記の不等式の左側）は，多くの場合，数的少数派であるにもかかわらず社会のリソースを独占し，「もたざる者」（不等式の右側）の無力化に躍起になってきた。他方，「もたざる者」にしてみれば，黙って被支配者の立場に甘んじる筋合いは当然ない。実際，「もてる者」の支配が完全無欠であったためしはなく，「もたざる者」の反発力を完璧に抑えることも不可能だ。革命からささやかな抵抗に至る，さまざまな「権力闘争」もまた世の常である。

　ポピュラー・カルチャーの誕生は，このような社会の二分化・権力闘争のなかで必然であった。一見，巷で人気を集める文化を意味する何の変哲もない表現だが，実はかなり危ない概念である。ポピュラー（popular）という語は，ラテン語で「（貴族や特権階級に対する）民・平民・一般大衆」を表すpopulusがルーツである。対して，カルチャーはもっぱら「もてる者」のみが嗜む「高尚な余暇の活動」（☞第1章）だ。つまりポピュラー・カルチャーは，優しい・悪魔，四角い・三角定規などと同様，実体としては普通ありえないもの・ことを表現する「矛盾語法（oxymoron）」なのだ。そしてそれはカルチャーを嗜むことができるのは「もてる者」だけであり，カネも暇も教養もない「もたざる者」にはカルチャーなど無縁だという主張（テーゼ）に対する痛烈な反論（アンチテーゼ）以外の何物でもない。

　「もてる者」が嗜むカルチャーには，古典美術・古典音楽・伝統舞踊などといった一定の形態がある。しかしポピュラー・カルチャーにはそのような定形は存在せず，カルチャーの素材（ネタ）として使えるものはすべて使う。というのも，リソースを奪われた状

態の「もたざる者」は，文字通り何ももっていないゆえ，特有の形態にこだわっていてはカルチャーを嗜むことができないのだ。実際，文学，美術，音楽，舞台芸術などジャンルを問わず，ポピュラー・カルチャーの素材は日常のあちらこちらに存在する。たとえば，1960年代，米国のどこの家庭のキッチンにもあったであろう何の変哲も無い缶詰のパッケージを使ったアンディ・ウォーホルの「キャンベルのスープ缶」は，ポピュラー・カルチャーとしての芸術＝ポップ・アートに他ならない。

さらに，形式的折衷主義（formal eclecticism）が信条のポピュラー・カルチャーは，「もてる者」が嗜む高尚なカルチャーやマス・カルチャーをも素材として流用する。そこで重要となるのは，パスティーシュ（オリジナルの模倣），ブリコラージュ（寄せ集め），オマージュ（オリジナルに対する敬意＝創作），パロディ（風刺），サンプリング（一部拝借）などのレトリック戦略だ（Ono & Sloop, 1995）。

一方，マンガ，雑誌，アニメ，キャラクターグッズなどに代表されるマス・カルチャーは，消費されることを目論んで産出される商品である。当然，そこには「もてる者」の「下心」，つまり資本主義的な「商業的関心＝利益」(コマーシャル・インタレスト)（フィスク, 2001：29）が存在する。しかし「もたざる者」はそれらをもネタとして拝借し，自分たちのために「逆説的」に「利用する」（フィスク, 2001：37-38）。商業活動とポピュラー・カルチャーは共存可能であり，ポピュラー・カルチャーのパフォーマーは無償・無給の「ボランティア」である必要はないのだ。

3 阪神淡路大震災[1]と「出前ライブ」

1995年1月17日早朝，マグニチュード7.3の大地震が近畿地方を襲った。道路，鉄道，下水道，電気，ガス，電話などの生活インフラは広範囲にわたり機能不全に陥った。多数の建造物が倒壊し，

また真冬の乾燥した大気も災いして多くの木造住宅が火事で失われ，約46万世帯の人びとが焼け出された。最終的には死者約6300人，負傷者約43000人，震源地に近い兵庫県南部（神戸，淡路など）の被害が特に甚大であった。

　消防や警察など，公的機関による救助活動は地震発生直後から開始され，震災直後より多くの食料や救援物資が被災地に届けられた。同時に，被災者自身の自助活動，また延べ180万人という数多くのボランティアが被災地へ駆けつけた。

　そのボランティアのなかに，音楽を被災者に届け続けた集団がいる。ソウル・フラワー・ユニオン（SFU）だ。SFUは1993年に結成された阪神地区を拠点とするロックバンドだ。避難所での「出前ライブ」はギター担当の伊丹英子の発案だったそうだ。いつ終わるとも知らぬ避難所の生活で気がめいっている被災者がいるのではないか，音楽を聴いている時だけでも寂しさや不安を忘れて欲しいという気持ちからだったという。

図6-1　被災者を前に演奏するSFUのメンバーたち[2]

　地震発生から24日後の2月10日に現場に初めて入ったメンバーたちは，神戸市灘区の避難所で初ライブ，2日後の12日には長田区の特設ステージで2回ライブを行った（石田，2014：47-51）。以降，彼らの「出前ライブ」は数年にわたって行われた。電気が使えない状況で，彼らはいつものエレキ・

1）特にことわりのない限り，本章の阪神淡路大震災に関する記述は，内閣府・ひょうご21世紀震災記念研究機構（1999）．『阪神・淡路大震災教訓情報資料集』〈http://www.bousai.go.jp/kyoiku/kyokun/hanshin_awaji/outline/index.html（最終確認日：2017年11月27日）〉に基づく。

ギターやベースをアコースティックギターや三線に持ち替え，ドラムスではなくチンドン太鼓や朝鮮太鼓（チャング）を叩き，キーボードの代わりにアコーディオンやピアニカを弾き，そしてマイクスタンドに括りつけたメガホンで歌った。またセットリストも，客層の平均年齢や文化的多様性に合わせ，大正・昭和の流行歌，労働歌，演歌（壮士歌），また民謡（ヤマト，朝鮮半島，沖縄，アイヌ，ロシアなど）を中心に組まれた。

　「もてる者」が余暇の愉しみとしてカルチャーを嗜むように，SFUが届けた歌の数々は，震災で多くを失った者にとって被災の厳しい現実や先のみえない避難所の暮らしから，一時でも自らを解き放つために必要だったということだろう。1940年代から50年代の日本で「リンゴの歌」の並木路子や「天才少女」と謳われた美空ひばりの歌声が，第二次世界大戦後の混乱する社会を必死に生き抜く多くの人びとの心の糧となったことはよく知られているが，それに通じるところがある。ポピュラー・ミュージックは，それを聴くファンにとって「抑圧的なイデオロギーや日常の不条理と戦う元気の源となる」（Lewis, 1992：3）。聴き手たる被災者に合わせたセットリストといった究極の折衷主義に基づくSFUの「出前ライブ」は，音楽評論家の中村とうようのいうポピュラー・ミュージック，つまり「もたざる者」の側に立ち大衆の聴きたい音楽を彼らに代わってつくり出す「代弁者」（中村, 1999：i）のものに他ならない。

④ 「3・11」後のポピュラー・カルチャー

　阪神淡路大震災から約16年後の2011年3月11日午後，宮城県

2）正確にはSFUのアコースティック別動部隊 Soul Flower Mononoke Summitである〈http://www.zenrosai.coop/stories/shinsaikataru/temblor/02index.html（最終確認日：2017年6月30日）〉。

男鹿半島沖を震源とする大地震（モーメントマグニチュード9.0）が再び日本を襲った。特に被害が甚大だったのは岩手，宮城，福島の東北三県，そして茨城と千葉の太平洋沿岸部である。大きな揺れと巨大津波によりライフラインは寸断され，人，動物，植物，自動車，建物などあらゆるものが破壊され，流出し，水没した。2017年3月時点の人的被害は死者約1万6000人，行方不明者約2500人，負傷者約6000人である。約7年経過後の現在も「震災復興」完了には程遠い。

　一方，「3・11」は東京電力福島第一原子力発電所の事故という未曾有の「人災」でもある。地震と津波により自動冷却装置が作動せず，建屋は爆発で吹っ飛び，燃料棒が溶け落ちた（メルトスルー）史上最悪レベルの原子力災害だ。それが阪神淡路大震災と決定的に異なる部分であり，いまだに収拾がつかないこの事故が，福島の震災復興を遅らせているという現実がある。

　そして，この事故をきっかけに全国で「反原発・脱原発」の声が上がった。老若男女，多くの市民が街頭で声を上げ，旧来の組織動員的なデモと「サウンドカー」やドラム隊が先導する新しいタイプのデモ，また「シュプレヒ・コール」とライブハウスさながらの「コール・アンド・レスポンス」の共闘があちらこちらで見られた。そして事故による放射線量について「直ちに人体や健康に影響を及ぼす数値ではない」[3]を繰り返す政府の対応や原発「再稼働」の動きに対する不満や怒りが「反原発・脱原発」運動の広がりに拍車をかけた。

　都内で行われた「反原発・脱原発」デモや集会には，「社会派アイドル」制服向上委員会，頭脳警察のPANTA，パンク・バンド

---

[3]「「直ちに人体に影響は無い」の検証」（2013年3月8日）『WebRonza』〈http://webronza.asahi.com/national/themes/2913030700002.html （最終確認日：2017年6月30日）〉

HI-STANDARDの難波章浩らの姿があった。また「反原発・脱原発」運動へのポピュラー・カルチャーのより積極的な関与としては，2012年初夏，幕張メッセで開催されたロック・フェスティバル「NO NUKES 2012」があり，そしてそこにいたのがシンガーソングライターの斉藤和義である[4]。

　テレビのオーディション番組からデビューした斉藤は，ちょうど1年ほど前，大手化粧品ブランドのCMソング「ずっと好きだった」がヒットしたばかりであった。そして「社会派」でも「意識高い系」でも「環境保護・自然系」でもなく，ましてや「パンク」でもない彼が，「反核・反原子力」をテーマとするロックフェスに参加した一つのきっかけが，実はこの「ずっと好きだった」であった。というのも，いわゆる青春ラブソングでしかなかったこの歌が，ある時を境に，歌詞が「アレンジ」され「反原発・脱原発」の「讃歌 (anthem)」[5] となり多くのデモや集会で歌われるようになっていったのである。

　この変詞（表6-1）は斉藤自身の手によるものである。彼はこの「ずっとウソだった」をギター1本で歌い，その自撮り動画を2011年4月にYouTubeにアップした。オリジナルの投稿動画自体はほどなく削除されたにもかかわらず，ネットを通じてそのコピーがすぐに拡散した。「ずっとウソだった」は全国のデモ・集会で歌われ

---

4) 他にYELLOW MAGIC ORCHESTRA, SFU, ASIAN KUNG-FU GENERATION, BRAHMAN, the HIATUS, 七尾旅人，元ちとせ，山崎まさよし，トータス松本（ウルフルズ），仲井戸麗市（元RCサクセション），小山田圭吾（元フリッパーズギター），Hi-STANDARDから難波に加え横山健，また海外からはKRAFTWERKらが出演。
5) Onishi, N. (2011, June 24). "Safety myth" left Japan for nuclear crisis. *New York Times* (Online ed.). 〈http://www.nytimes.com/2011/06/25/world/asia/25myth.html（最終確認日：2017年6月30日）〉

表 6-1 斉藤和義「ずっと好きだった」の変詞

原　　詞	変　　詞
この街を歩けば　蘇る 16 歳	この国を歩けば，原発が 54 基
教科書の落書きは ギターの絵とキミの顔	教科書も CM も 言ってたよ，安全です
俺たちのマドンナ イタズラで困らせた	俺たちを騙して， 言い訳は「想定外」
懐かしいその声 くすぐったい青い春	懐かしいあの空， くすぐったい黒い雨
ずっと好きだったんだぜ 相変わらず綺麗だな	ずっとウソだったんだぜ， やっぱばれてしまったな
ホント好きだったんだぜ ついに言い出せなかったけど	ホントウソだったんだぜ， 原子力は安全です
ホント好きだったんだぜ キミは今も綺麗だ	ずっとウソだったんだぜ， ほうれん草食いてえな
ホント好きだったんだぜ 気づいてたろうこの気持ち	ホントウソだったんだぜ， 気づいてたろ，この事態
話し足りない気持ちは もう止められない	風に舞う放射能は もう止められない
今夜みんな帰ったら もう一杯どう？　二人だけで	何人が被曝すれば 気がついてくれるの？　この国の政府

たのみならず，「NO NUKES 2012」を始め，各地のライブ（東北・福島で開催された復興祈念ライブを含む）でも斉藤自身が歌っている。

　馴染みのメロディやリズムに元歌とは異なる詞をつけて歌う「アスクリプション（ascription＝書き換え）」は，ポピュラー・ミュージックによくみられるレトリックの常套手段だ（Sellnow, 2016；Sellnow & Sellnow, 2001）。よく知られているのがクリスチャン・ロックやクリスチャン・ポップだ。たとえば，キリスト教に「改宗」したボブ・ディランは，彼独特のフォーク・ミュージックの曲調で「神の啓示・福音（gospel）」を歌った（Gonzalez & Makay, 1983）。ただし，自らのヒット曲をここまで大胆に書き換え公然と歌い，そしてそれが多くの人びとに共有され社会運動の一部となったのは，「ずっとウソだった」の他にはあまり見当たらない。斉藤の「自作

自演」は，ポピュラー・カルチャーのパフォーマーならではの見事なアスクリプションであった。

5 パフォーマーとしてのオーディエンス

　美術館の絵画展，またクラシック音楽のコンサートに足を運ばなくとも，カルチャーのネタは日常のあちらこちらに存在する。ポピュラー・カルチャーは「もたざる者」の余暇の愉しみであり，彼ら・彼女らをときに元気づけ，ときに代弁する。文字通り何ももたない者は，ことカルチャーについては特定の形態にこだわることができない。潜在的にはあらゆるものがポピュラー・カルチャーとなりうるのだ。そして，大衆の関心＝利益に応えるポピュラー・カルチャーは，数的少数派たる「もてる者」にとっては脅威だろう。本章はこれら至極当たり前のことを確認したにすぎない。

　たとえばロックコンサートは，ステージ上の演奏だけでは成り立たない。フロアを埋め，手拍子を打ち，足を鳴らし，声を上げ，ミュージシャンのコールに応える人びとが必要だ。要するにポピュラー・カルチャーには，パフォーマーをさらにエンパワーする「オーディエンス＝受け手（聴衆，観衆，読み手）のパフォーマンス」（King, 1987）が不可欠なのだ。

　街頭デモのコミュニケーション力について，米国の人文学者ジュディス・バトラーはこう述べる。

> デモの政治的意義は，書面や口頭での論弁（discourse）だけがもたらすのではない。そこに盛り込まれたさまざまな行動は，厳密にいえば，論弁的（discursive）でも前論弁的（prediscursive）でもない方法での主張である。言い換えれば，彼ら・彼女らが特定の要求をする前に，またそういった要求と

> は違った形で，集団という形式自体がすでに何かを主張しているのである。葬儀や通夜に限らないが，沈黙の集団には，しばしば，それが何であるかについての書面や口頭の論弁が表す以上の意味がそこにある。(Butler, 2015: 7-8（和訳は筆者))

　オーディエンスのパフォーマンスはことばを必ずしも要しない。多くの人びとが一堂に会すること自体，十分意味のあるパワフルなパフォーマンスなのだ。その意味においてオーディエンスはもはや「受け手」ではなく，彼ら・彼女らをコールでリードしているようにみえるステージ上のパフォーマーは，実際は，むしろオーディエンスのパフォーマンスの「前座（オープニング・アクト）」にすぎないのかもしれない。

●ディスカッションのために
1　ポピュラー・カルチャーとマス・カルチャーについて，具体的な事例を用いて類似点・相違点を検証してみよう。
2　本章で触れたもの以外で，ポピュラー・カルチャー（のパフォーマー）が「大衆の代弁者」として働いた身近な事例を探してみよう。
3　本章の扉では戦時中，軍や政府に半ば「協力」した「お笑い」について触れたが，それとは逆に，政府・公権力に「抗する」ような演芸を探し，そのレトリックを分析してみよう。

●引用・参考文献
池田　功（2015）.「石川啄木と尾崎豊（3）―15歳の心模様」『明治大学教養論集』505, 1-29.
石田昌孝（2014）.『ソウル・フラワー・ユニオン―解き放つ唄の轍』河出書房新社
中村とうよう（1999）.『ポピュラー音楽の世紀』岩波書店
早坂　隆（2010）.『戦時演芸慰問団「わらわし隊」の記録―芸人たちが見た

日中戦争』中央公論新社
フィスク, J. ／大橋洋一他［訳］(2001).「ポピュラー・カルチャー」F. レントリッキア・T. マクラフリン［編］『続・現代批評理論―+6の基本概念』平凡社, pp.11-41.
宮崎拓也 (2006).「「尾崎豊」の受容と社会的背景」『沖縄国際大学―語文と教育の研究』7, 152-161.
渡辺 裕 (2010).『歌う国民―唱歌, 校歌, うたごえ』中央公論新社
Bulter, J. (2015). *Notes toward a performative theory of assembly* (Kindle ed.). Cambridge: Harvard University Press.
Gonzalez, A., & Makay, J. J. (1983). Rhetorical ascription and the gospel according to Dylan. *Quarterly Journal of Speech, 69*, 1-14.
King, A. (1987). *Power and communication*. Prospect Heights: Waveland Press.
Lewis, L. A. (1992). Introduction. In L. A. Lewis (ed.), *Adoring audience: Fan culture and popular media*. London and New York: Routledge, pp.1-7.
Ono, K. A., & Sloop, J. M. (1995). The critique of vernacular discourse. *Communication Monographs, 61*, 19-46.
Sellnow, D. D. (2016). T*he rhetorical power of popular culture: Considering mediated text*. 2nd ed. Los Angeles: Sage.
Sellnow, D., & Sellnow, T. (2001). The "illusion of life" rhetorical perspective: An integrated approach to the study of music as communication. *Critical Studies in Media Communication, 18*, 395-415.
Shuker, R. (2002). *Popular music: Key concepts*. New York: Routledge.

革命は放映されない

ギル・スコット＝ヘロンと斎藤隆夫

青沼　智

『漂泊浪漫　海援隊4』（テイチク，1975年）

　学園ドラマ「3年B組金八先生」やトレンディードラマ「101回目のプロポーズ」のはまり役で，すっかり人気俳優となった武田鉄矢。もともとは福岡・天神のライブ喫茶「照和」出身のフォーク・グループ「海援隊」のボーカリストである。ヒット曲に恵まれず不遇な時期にリリースされた彼らのアルバム『漂泊浪漫』（1975年）には，石牟礼道子の『苦海浄土』の一節に曲をつけた「水俣の青い空」や，アダルト雑誌のグラビア写真上の「黒塗り」をおちょくる「ブラック・マジック・オールドマン」などの知られざる名曲が収められている。ただし，諸般の事情により，これらの名曲をテレビやラジオでめったに聴くことはない。

1　コミュニケーションの記憶

　私たちの多くは、日々のコミュニケーションの詳細をいちいち事細かに覚えてはいない。理由は単純明快、それらの多くは、他愛のない「ルーチン」だからだ。たとえば、昨日の友人との世間話の詳細をはっきりと覚えていると自信をもって言えるのは少数だろう。むしろ、それが昨日だったか、それとも一昨日だったか定かではないというのが大方かもしれない。臨床の分野では「物忘れ」を二つに区別し、「ランチに何を食べたか」を忘れるのは「正常」、対して「ランチを食べたこと自体」覚えていないのは「病的」（「認知症」）などとしている（武田, 2011：4）。しかし、日々のコミュニケーションについては、たとえ認知症を患っていなくとも、内容はおろかそれを行ったか否かについても記憶が定かではないことが少なくない。

　五分科から構成されるレトリックのカノン（☞第2章）は、記憶にも関連している。その昔、弁論は暗唱または即興で行われるのが常であった。また内容が聴衆に的確に伝わるだけではなく、それらがきちんと頭に残るようなものでなければならなかった。実際、弁論の達人は、かつては「記憶術（art of memory）」（Yates, 1966）の達人でもあった。たとえば、ギリシャ・アテナイのソフィストたちは、「記憶力を強めるために絶えず練習を怠らず、弟子にもその実行方法に加えて技術的規則を授けた」（シーグフリード, 1956：186）そうだ。他にも、新しい記憶術を発明したと話をもちかけてきた人に「寧ろ忘却術が習いたい」と答えた軍人政治家テミストクレス、また他人が発した二千語をその場で暗記し、それらを即座に順番もそのままで諳んじることができたといわれているローマの哲人政治家セネカなど、ことばの技術と記憶に関する逸話には事欠かない（シーグフリード, 1956：186）。

2 想起するメディアと時空間を超えるレトリック

　21世紀の私たちにとって，古代ギリシャ・ローマの先人たちが修得に励んだ記憶術はほぼ無意味に思える。「二次的な声の文化」（☞第4章）におけるコミュニケーションに記憶力は必須ではない。というのも，二次的な声の文化は，コミュニケーションから「生身の肉体（肉声）」というリミッターが外され，拡張＝メディア化（☞第2章）された時代の到来の証なのだ。たとえばスピーチのクラスなどで，現在，記憶術の修得に時間を費やすことはほとんどないだろう。それ以上に重要なのが，原稿やアウトラインをきちんと「書く」技術を身につけることである。またスピーチの暗記に時間を費やすくらいなら，「原稿を読んでいることを聴き手に悟られないようにする」ためのテクニック（アイコンタクトなど）や「プロンプター」の使い方を学ぶ方がよっぽど有益だ。

　これは聞き役に回ったときも同様である。話し手のことば一言一句を暗記し，それを諳んじるなどといったグレコ・ローマンの「離れ技」は必要とされない。通常，聞き手に求められるのは，話し手のことばに耳を傾けつつ，ノートにペンを走らせたり，パソコンのキーボードを打つなどしてメモをとることだ。また，必要に応じて配布資料に目を通したり，さらに，もし可能であれば機器を使い録画・録音をすることだろう。

　端的にいえば，これらは「想起の外部化」である。メディアによる人間拡張は，「記憶（脳内の情報）の外部化」のみならず，「いったん外部の記録メディアに登録された情報を呼びだす」（松本，2010：100）ことをも可能としたのだ。と同時に，それまではもっぱら個人の所有物であった記憶が，いったん外部化されたことによりそれが他者に対しても開かれることになった。つまり記憶＝想起された事柄は時間だけではなく，空間をも超えることとなったのだ。

先の例についていえば、スピーチをする際、目の前にいる人びとのみならず、世界のどこかで（文字起こし、録音、録画なども含む）耳・目にするかもしれない人びとをも聴衆として考えるということである。見方を変えれば、私たちはわざわざ現場に出向かなくとも、さまざまなメディアを通じて疑似体験・追体験をすることにより、スピーチの聴衆になることができるのだ。

❸ テレビが伝えること・伝えないこと

　唯物論的な見方をするなら、レトリックは人をそして社会を動かす圧倒的なコミュニケーションの力の経験に他ならず、その「衝撃の瞬間（moment of its impact）」を簡単に無視などはできない（McGee, 1982 : 29）。そしてコミュニケーションがいとも簡単に時空を超える21世紀においては、私たち一人ひとりの衝撃的なレトリック体験も時を超えグローバルに展開するのが必然だ。

　たとえば2015年夏、政府与党が強く推し進めた「安保法制」に反対する多くの人びとが、連日連夜行っていた街頭集会やデモは私たちの記憶に新しい。

　なかでも8月30日（夏休みの最終日曜日）には、これまでにない数の人びとが国会前に詰めかけ、思いのたけをさまざまなスタイルで訴えた。そのうちの一人は、自らの体験を記したブログに「今回のデモが歴史に残るものだったのは、間違いない」と投稿し、さらに翌日の新聞に掲載された航空写真を見て「これを見た読者

図7-1　2015年8月30日の国会議事堂正門前の様子[1)]

は,「凄い数だ,でも10万人もいないな」と思ったでしょう。でも[中略]写真に映っているのは,一部にすぎません」[2]とコメントしている。他には,安保法制に反対する集会やデモで行われた多くのスピーチの録画や文字起こしを掲載するサイトもある[3]。さらには,今回の反安保法制運動で大きな役割を果たした若者たちのグループが編纂した書籍も出版されている(SEALDs, 2015)。

もちろん,これらは国会前に通い詰めた人びとの記憶そしてその想起のためだけのものではない。当時,リアルタイムで現地に居合わせなかった者も,これら外部化された記憶にアクセスし,そこで起こっていた出来事そしてそこでのレトリックの衝撃の擬似体験・追体験ができるのだ。このようにメディアにより拡張され「超局所的=メタトピカル(metatopical)」(Taylor, 1997:271)になったコミュニケーション体験スペースは,安保法制に抗するものだけとは限らない。3・11以降の反・脱原発運動,また「オキュパイ運動」「ビルマ(ミャンマー)民主化運動」「アラブの春」といった近年の社会運動(野宮・西城戸, 2016)は,インターネットやSNSをはじめとするさまざまなメディアの働きに触れることなしでは論じられないだろう。

しかし一方で,メディアが,常時,人間の感覚を希望通りに拡張する働きをするとは限らない。外部化された記憶そしてその想起は,必ずしも私たちが自由自在にコントロールできるものではないのだ。たとえば,大規模な街頭デモに図らずも遭遇し,次の日,友人にそ

---

1) 毎日新聞写真部〈https://twitter.com/mainichiphoto/status/637892042174042112(最終確認日:2017年6月30日)〉
2) 「8・30国会デモに参加した①体験を記す」〈http://naotatsu-muramoto.info/nixtuki2015/nixtuki.259.html(最終確認日:2017年7月1日)〉
3) たとえば「Independent Web Journal 安保特設 スピーチ掲載」〈http://iwj.co.jp/wj/open/archives/tag/%E5%AE%89%E4%BF%9D%E7%89%B9%E8%A8%AD-%E3%82%B9%E3%83%94%E3%83%BC%E3%83%81%E6%8E%B2%E8%BC%89(最終確認日:2017年7月1日)〉などを参照。

の話をすると「そんなことは知らない。朝のニュースでもやっていなかった。夢でも見ていたのではないか」などと怪訝な顔をされたらどうだろう。あるいは「大規模なんてそんな大袈裟な。ほんの数十人だろ。私が購読している新聞には載っていなかった」などと言われたら，どう返答するだろうか。

シカゴ生まれの「ラップ・ミュージックのゴッドファーザー」[4]，ギル・スコット＝ヘロンはかつてこう歌った。

> なあ兄弟　家に引きこもってる場合じゃない　テレビのスイッチを入れてくつろいでる場合じゃない　薬でハイになってる時じゃない　コマーシャル中にビールを取りにいってる暇はない　なぜって？　革命はテレビ中継されないからさ　[中略]　革命はゼロックス社の提供で放送されない　革命は四部構成のコマーシャルフリーで放送されない　革命はテレビ中継されない　[中略]　革命はビール会社が提供のテレビ映画ではない　ナタリー・ウッズも出ないしスティーヴ・マックイーンも出ないマンガのブルウィンクルもコメディドラマのジュリアも出演しない　革命はテレビ中継されない[5]

スコット＝ヘロンが1970年代の米国で放ったこれらの挑発的な

---

4) O'Hagan, S. (2010). Gil Scott-Heron: The Godfather of Rap Comes Back. (2010, February 7) *The Guardian* (Online ed.). 〈https://www.theguardian.com/music/2010/feb/07/gil-scott-heron-comeback-interview（最終確認日：2017年6月30日）〉
5) *The Revolution Will Not Be Televised*（作詞・作曲：Gil Scott-Heron（和訳は筆者），プロデューサー：Bob Thiele，発売：Flying Dutchman Records）．ちなみに https://en.wikipedia.org/wiki/File:The_Revolution_Will_Not_Be_Televised.ogg（最終確認日：2017年7月7日）には，コメンタリーなど fair use のための「サンプル音源」が置かれている。

ことばが、21世紀の日本でリアリティをもって聞こえてくるのは驚くべきことかもしれない。しかし、文学者の島田雅彦のことばを借りれば、現実は「大政翼賛システムに組み込まれ［中略］官庁から提供された情報をニュースソースとしているマス・メディアがその利権を失わないよう政権批判を慎んだり、政府広報さえも買って出るような状況」（島田, 2015：lo101）なのだ。

香港やベネズエラなど海外の反政府デモを重要なニュースとして報道する一方、都内で行われた大規模な反安保法制集会については一切ニュースで扱わないという奇妙な現象の体験から、私たちは何を学ぶことができるのだろう。英国放送協会（BBC）[6]やカナダの *The Toronto Star* 紙[7]も伝えた国会前の出来事をかたくなに無視し続けた日本のテレビ局（の一部）は、メディアとして一体誰の感覚を拡張していたのだろうか。

4 黒塗りの「日報」と日本のマーク・アントニー ──

もちろん、必ずしもメディアは「一枚岩」ではない。実際、反安保法制運動については、デモや集会を積極的に報道したテレビ局もあり、またインターネットを中心としたオルタナティブ・メディアや市民ジャーナリストたちも、大手マス・メディアがさまざまな事情でカバーできない部分を伝える働きをしていた。ただし、政府など公権力が、そのコミュニケーションのプロセスに「直接」関わることができる場合は別だ。というのも、報道規制やメディアへの圧力といった「回

---

6) Sunda, M. (2015, October 20). Japan's student protests: To the barricades in designer gear. BBC News. 〈http://www.bbc.com/news/world-asia-34581340（最終確認日：2017年7月1日）〉
7) The students made it cool to protest in Japan. (2016, June 11). *The Toronto Star*. LexisNexis. （最終確認日：2017年7月1日）

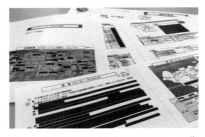

図7-2　防衛省が公開した「日報」の一部[8]

りくどいやり方」をとらずとも，当該の事柄の存在をあやふやにしたり，さらにその記録・記憶を消すことは比較的容易いからだ。

その典型は「黒塗りの自衛隊日報」事件だろう。南スーダンの首都ジュバの治安をめぐり，国連平和維持活動（PKO）に従事する自衛隊の「日報」の記述が2017年，国会で問題になった。というのも，前年の7月に300名以上の死者を出す大規模な武力衝突があり，もしそれが「戦闘」であった場合はPKO参加の前提となる「五原則」を満たさなくなるからだ。はたして，公開された「日報」には，宿営地近辺で「偶発的に戦闘が生起する可能性」「流れ弾に注意」（7月12日）などという記述はあったものの，かなりの部分に「黒塗り」がされており，詳細はいまだにわからずじまいである。

このように，実際にあった（かもしれない）事柄が政府の裁量で記録から消されたものは，他にも存在する。意外に思われるかもしれないが，それには国権の最高機関，国会での演説も含まれている。衆議院記録部によれば，議事録上「なかったこと」にされている演説が12本ほどあるそうだ[9]。そしてその一つが，立憲民政党

---

8) 「陸上自衛隊の行政文書は基本的に破棄される」（2017年3月6日）．『WEB論座』〈http://webronza.asahi.com/photo/photo.html?photo=/S2010/upload/2017022100006_5.jpeg（最終確認日：2017年6月30日）〉
9) 江川紹子（2015年5月1日）．「「戦争法案」批判を安倍首相が封印？ いまだ非公開の反戦演説と軽視される議会発言の自由」『Business Journal』〈http://biz-journal.jp/2015/05/post_9800.html（最終確認日：2017年5月10日）〉

の斎藤隆夫が，1940（昭和15）年2月2日，第75回帝国議会にて行った「支那事変処理に関する質問演説」である。

斎藤がこの演説を行ったのは，日中戦争が泥沼化し，戦争遂行のために政府が国会の承認を得ることなく国のすべての人的・物的資源を統制運用できることを定めた国家総動員法が施行され，軍部主導の大政翼賛体制ができつつあった時期であった。斎藤はこの演説で「軍部主導

図7-3　斎藤隆夫[10]

の政治批判」を試みた。まず斎藤は，日中戦争の処理を誤った政府を批判し，その上で，立憲主義に基づく議会中心の政治の復活を唱えた。さらに「ただいたずらに聖戦の美名に隠れて，国民的犠牲を閑却し，曰く国際正義，曰く道義外交，曰く共存共栄，曰く世界の平和，かくのごとき雲を掴むような文字を並べ立て」（斎藤，1994：32（原典のかなづかいはカタカナ））る姿勢を正し，「何れの時に方（あた）りましても戦時に当って国民の犠牲は決して公平なるものではないのであります。［中略］政府の局にある者は出来る限り此の不公平を調節せねばならぬのであります。然るに此の不公平なる所の事実を前に置きながら，国民に向って精神運動をやる。国民に向って緊張せよ忍耐せよと迫る。国民は緊張するに相違ない。忍耐するに相違ない。併しながら国民に向って犠牲を要求するばかりが政府の能事ではない」（斎藤，1994：39-40）と訴えた。

公然と軍部そして政府の方針に刃向かう，この老政治家のことばには議場からも拍手があがり，新聞各紙も大きく取り上げたそ

---

10) 日本の旧著作権法第23条及び著作権法附則第2条の規定によるパブリックドメインの画像。

うだ[11]。また，米国の雑誌(『オリエンタル・アフェアーズ(*Oriental Affairs*)』1940年3月号)には，斎藤の雄弁をローマの政治家マーク・アントニー(マルクス・アントニウス)[12]のそれと比較する記事も掲載された(草柳, 2006：18-21)。

だが実際のところ，演説のうち，先に引用した部分を含む約1万字(全体の約3分の1ほど)が官報速記録に掲載されることはなかった。それどころか，公式記録上,「なかった」ことになっている箇所が3分の1をも占める演説により，斎藤は国会で聖戦を冒涜したかどで懲罰委員会にかけられ，最終的には議員除名決議により議席を失うことになった(大橋, 2004)。

現在は，衆議院・参議院共に，インターネットで生中継がなされる時代だ。多くの国民の目があるなか，政府が自分たちの都合で答弁の一部を勝手に改ざんしたり，ましてや議事録から削除するなどという暴挙は許されない。また，軍部主導の政府の暴走を許してしまった当時の状況と現在とでは国民の意識も異なっているはずだ。つまり21世紀の私たちは,「言論の圧迫に遭って国民的意思，国民的感情をも披瀝することが出来ない」「近年中央地方を通じて，全国に弥漫しておりますところのかの官僚政治の弊害には，悲憤の涙を流しながらも黙々として政府の命令に服従する」「従順な国民」(斎藤, 1994：41)などではけっしてない(はずである)。

---

11) 日本放送協会(NHK)は人気番組『その時歴史が動いた』の2003年5月21日の放送(「我が言は，万人の声—太平洋戦争前夜，日本を揺るがした国会演説」)で斎藤を取り上げた。
12) シェイクスピアの戯曲『ジュリアス・シーザー(*Julius Ceasar*)』にも登場するマーク・アントニーは，シーザー(カエサル)の死の原因が，時の権力者であった政敵ブルータスにあることを民衆に対し語る雄弁のシーンでよく知られている。

5 「記録」にございません

「記憶にございません」。これは時の首相の逮捕にまで至った「ロッキード事件」(1976年)に絡み、証人として召喚された小佐野賢治の国会での答弁だ。一世を風靡し、その年の流行語にもなったこのことばは、今もなお政治家や官僚の常套句であり、「偽証罪」から逃れるための手段だ。たしかに記憶にないこと自体を罪に問われることはないし、ましてや記憶力が劣るからといって別に咎められたりすることもない。ただし、とある首相経験者がいみじくもTwitter で呟いたように、「「記憶にない」は「事実でない」ではなく、「事実だけど言えない」を意味する政府の常套句」[13]なのである。今ではさらにそれが進み（あるいは「後退」し）、「記憶にもない。また、記録にもない（最初から記録は取っていない。あるいはすでに記録は破棄した）」というのが、より効果的な政治コミュニケーション戦術なのかもしれない。

どうやら日本で政治を志す者は、ギリシャ・アテナイやローマの弁論の達人のような、卓越した記憶力の持ち主であってはいけないようだ。むしろすべてを「外部委託」し、都合の悪いことはパソコン・秘書・部下・家族などのせいにするくらいの器量がないと務まらないのかもしれない。

図 7-4 都内の土産店で売られているTシャツ[14]

---

13) https://twitter.com/hatoyamayukio/status/884450160658362370（最終確認日：2017年11月27日）
14) 2017年6月秋葉原にて筆者撮影。

> ●ディスカッションのために
> 1 私たち現代人にとって，ことばの技術（レトリックのカノン）としての記憶術の有益な使い道はないかを考えてみよう。
> 2 2017年3月11日に行われた東日本大震災の追悼式辞で，安倍晋三首相は「東京電力福島第一原子力発電所」の事故について触れなかった。その是非について討論・ディベートしてみよう。
> 3 国会会期中，衆議院TV（www.shugiintv.go.jp）あるいは参議院TV（www.webtv.sangiin.go.jp）にアクセスし，閣僚や代議士のコミュニケーションの特徴を分析してみよう。

●引用・参考文献

大橋昭夫（2004）．『斎藤隆夫―立憲政治家の誕生と軌跡』明石書店
草柳大蔵（2006）．『斎藤隆夫かく戦えり』グラフ社
斎藤隆夫（1994）．『斎藤隆夫政治論集』新人物往来社
シーグフリード, A.／河野興一・河盛好蔵［訳］(1956)．『現代辯論術』岩波書店
島田雅彦（2015）．『優しいサヨクの復活』(kindle版) PHP出版
武田雅俊（2011）．「認知症という疾患を考える」『SP-RING MIND』3, 2-5.
野宮大志郎・西城戸 誠［編著］(2016)．『サミット・プロテスト―グローバル化時代の社会運動』新泉社
松本健太郎（2010）．「時間を超える情報―死に対する抵抗の営為」池田理知子・松本健太郎［編］『メディア・コミュニケーション論』ナカニシヤ出版, pp.87-101.
McGee, M. C. (1982). A materialist conception of rhetoric. In R. E. McKerrow (ed.), *Explorations in rhetorical studies in honor of Douglas Ehninger*. Glenville: Scott Foresman, pp.23-48.
SEALDs［編著］(2015)．『民主主義ってこれだ！』大月書店
Taylor, C. (1997). *Philosophical arguments*. Cambridge: Harvard University Press.
Yates, F. A. (1966). *The art of memory*. London: Routledge and Kegan Paul.

第Ⅲ部　メディア表象と社会

第 8 章　広告と消費の誘惑
　　　　　隠された旨趣を読み解く

第 9 章　Instagram のレトリック
　　　　　演出される「リア充」の世界

第 10 章　スポーツのメディア表象
　　　　　映像を通した国民的同一化をめぐって

第 11 章　「異なる身体」の表象
　　　　　ダイバーシティ言説とネオリベラルな健常主義

第 12 章　性的マイノリティへのまなざし
　　　　　レズビアン表象をめぐるジレンマ

第 13 章　氾濫する英語のレトリック
　　　　　記号化することばと世界

第Ⅲ部「メディア表象と社会」では，これまでの考察をもとに，現代社会のさまざまな「文化」を対象に，それらが駆使しているレトリックの効果について説明する。私たちは多様性がもたらす問題や困難に対峙したとき，レトリックを用いて克服しようとする。しかし，それらがすべて健全に働いているわけではない。レトリックは「もたざる者」や「弱者」の異議申し立てとして活用することもできるが，同時に他者のステレオタイプ化を強固にし，権力の不均衡を不可視化する活動にもなりうる。第Ⅲ部では，主にこのネガティブなレトリックの力について分析する。

　第8章「広告と消費の誘惑」では，「同一化」という機能が顕著に表れる広告のレトリックを分析する。「同一化」のレトリックは，「説得」というより「誘惑」である。広告は，商品やサービスの情報を提供するだけではなく，特定の価値観や社会システムへの共鳴を誘発する。いわば広告は，「売り手」の価値や信念に「買い手」を「同一化」させようとする複雑なレトリックなのである。

　第9章「Instagramのレトリック」では，Instagramを中心に，ソーシャル・ネットワーキング・サービス（SNS）が創り出すコミュニケーションについて考察する。Instagramで特に顕著なのは日常生活が充実しているという姿を過剰に演出するレトリックである。「リア充っぽさ」でいいというメッセージに溢れ，それを多くのフォロワーが文字どおりfollow（奉ずる）することで，実態を伴わない「神話」が強化されていく。

　第10章「スポーツのメディア表象」では，物語として構築されるスポーツ・コンテンツのレトリックを考察する。スポーツメディアは複雑な現実を私たちが理解しやすい物語に再構成し，提供してくれる。国家間や人種間に存在する多様性や異種混合性が，単純化や誇張表現を通して，私たちが消化しやすい形にまで還元されてしまうのだ。

　第11章と第12章は，現存する権力の不均衡さを「改善」しようとする動きやその問題点を論じている。まず，第11章「「異なる身体」の表象」では，「障害者」を取り巻く言説や取り組みを分析し，「健常者＝マジョリティ」が社会的基準として存在していること，そしてそれがもたらす社会的不平等がさらに不可視化される様子を説明する。つづく「性的マイノリティへのまなざし」では，性的マイノリティが経験する困難や問題点を女性同士のカップルを扱ったエッセイコミックから紐解く。そこではそのような問題が，マジョリティのアイデンティティや「幸せ」の定義とも絡み合っていることを明らかにしている。

　最終章「氾濫する英語のレトリック」は，「世界標準」となった「強者」のことばの帝国主義的性質とそれがもたらす問題について説明する。ラテン語はかつて「規範」として他言語圏を支配したが，英語はその「大衆性」ゆえに支配を可能とした。加えて，現代日本社会に蔓延する英語の多くは，もはやことばではなく「記号」でしかないことを指摘する。そしてグローバル化における英語＝記号支配に風穴を開けるためのレトリックを論じる。

第8章

広告と消費の誘惑

隠された旨趣を読み解く

平野順也

　有能な統治者の武器として「説得」術が論じられていたルネッサンス時代，数々の思想家がヘラクレス・ガリクスを雄弁の神として称賛した。イタリアの思想家アチーリー・ボッチが1574年に発表した書『シンボリカルム・クエスチョナム・リブリ』に，興味深い絵が挿入されている。勇壮に民衆を導こうとするヘラクレス・ガリクスの姿はそこにはない。彼は雄牛に牽かれる荷車上の座位につき，従者を見下ろしている。目を引く

ヘラクレス・ガリクスの姿
（Rebhorn, 1995：71）

のは彼の口から放出された数々の鎖である。それらの鎖は従者の耳へと届いている。雄弁による統治というのは，まさしくこの絵が示すような状態を指すのだろう。説得力のあることばには「物理的な力」など必要ない。なぜならば，ことば自体が鎖のように人びとを拘束するからだ。

1 説得と同一化

　レトリックとは何か。第2章で，レトリックを「ことばを駆使し，物理的な力を直接あたえることなく人を動かす技術」だと説明した。この活動の根幹は「説得」である。しかし，これまで本書を読み進めた読者ならば，レトリックのまた異なる性質にも気づいたのではないだろうか。ケネス・バークはそれを「同一化」であると述べている (Burke, 1969)。「同一化」は「説得」とどのように異なるのだろうか。

　「説得」としてのレトリックは，多くの場合統治者の武器として論じられてきた。雄弁の神ヘラクレス・ガリクスのことばの影響力が鎖として描かれたように（本章扉参照），有用な雄弁者のことばは，鎖で拘束するかのような力で人びとを支配することができるのだ。従事者は，雄弁の神が発することばによって身も心も征服されているが，「同一化」にはこのように強烈な征服というイメージはそぐわない。

　バークによれば，求愛もレトリックの一種である。たとえば，プロポーズが「説得」である必要はない。統治者が準備したようなスピーチ原稿を読み上げることや，論理的に説明することが必要不可欠というわけではない。ある人は指輪を用意し，ある人はロマンチックな街角の雰囲気を利用し，またある人はレストランで豪華な夕食をともにすることで，相手を自分の気持ちに「同一化」させようとする。バークが考えるレトリックは，論理的な側面以外にも，感情的，心理的，神話的な要素を含んだ複合的な「同一化」という行為なのだ。

　「同一化」は私たちに厄介な問題を提供することにもなる。それは，「説得」の鎖がたとえ強烈に存在していたとしても，「同一化」によってその存在を感じさせないようにすることができるからだ。「国

際的制裁」や「世界秩序の維持」とすれば，他国への「軍事介入」が正当性をもちはじめる。つまり，異なる考えや主義主張であっても，見方を変えれば，「同一化」を誘発することができるのだ。だとすれば，「異質」なものを受け入れるように人びとを「説得」する必要はない。「同質」なものに共鳴させればよいのだ。

「同一化」のレトリックが効果的に行われた場合，人びとは鎖につながれていると気づくことなく，自ら征服されることを求めることになる。このレトリックの効果を存分に利用しているものの一つに広告がある。この章では，広告のレトリカルな効果に焦点をあて，それが商品やサービスに関する情報を提供するだけではなく，特定の主義主張や社会システムへの「同一化」をどのように促そうとしているのかを探っていく。隠された鎖に拘束されないためにも，巧妙に編み込まれた旨趣を理解することは重要である。

❷ レトリックとしての広告

街には看板やポスターが溢れているし，新聞にも多くの広告が載せられている。テレビからはCMが流れてくるし，インターネットを使えば，これまでの消費行動パターンから，私たちが興味をもつかもしれない商品やサービスの広告が勝手に現れる。私たちが広告を目にしない日はない。日本では，1日に約3500もの広告をそれぞれが見ることになるという統計結果もある（下村, 2010）。

広告が存在するのは新聞，雑誌，テレビ，インターネットだけではない。他人が持っているコーヒーショップのロゴが大きく記載されたタンブラーやブランドの紙袋も広告として機能する。実際，スターバックスはテレビや雑誌での広告は行っていない（ムーア, 2014）。消費者が購入したスターバックスの商品が広告塔として人びとに微笑みかけるから必要ないのだ。スターバックス商品の利

図 8-1 広告の禁止を伝える
The Guardian の記事[1]

用者が広告「媒体」として行動しているのである。

また，現代の広告は，消費者の虚栄心や社会的承認欲求を刺激するだけではなく，恐怖心を煽ることで商品を売り込もうとするものが多い（常松, 2003）。ブランドの紙袋は，消費者の虚栄心をくすぐり，社会的承認欲求を満たす。ダイエット食品や美容品の広告は肥満や老化に対する恐怖心を煽る。さらに，消費者を扇動する効果を高めるために，虚偽であったり過度な期待を誘発したりするようなメッセージが編み込まれている広告もある。

たとえば，2012 年 10 月，クリスチャン・ディオールは，映画『ブラック・スワン』でアカデミー賞主演女優賞を受賞したナタリー・ポートマンを起用したマスカラの広告を発表した。しかし，広告に掲載されたポートマンの睫毛はデジタル処理されており，商品の効果を誇大に宣伝したものとみなされ，その広告の使用が禁止された。クリスチャン・ディオールの戦略は，デジタル処理された睫毛を提示することで消費者の虚栄心を過度に刺激しようとして失敗したが，虚栄心や欲望を満たしつつ，美化された有名人のようになれるとさりげなく語りかける広告は他にもたくさんあるに違いない。

さらに，近年では「オムニチャンネル」というマーケティング戦略が積極的に展開されている。「オムニ」とは「すべて」「完全」という意味だが，これは「企業と接触する店舗，Web サイト，カタログ，電話，SNS などをシームレスに（境界を意識せず）」（中村, 2017：81）

---

1) https://www.theguardian.com/media/2012/oct/24/dior-mascara-natalie-portman-ad-ban （最終確認日：2016 年 8 月 15 日）

私たちに利用させるために,購買チャンネルのすべてをリンクさせる戦略である。私たちはいつの間にか,自分たちがどこで何を購入し,インターネットで何を検索し,どのようなSNSを利用しているかといった行動の「すべて」を分析されている。そしてそれぞれの行動パターンや嗜好に合わせてカスタマイズされた広告が私たちに与えられるのだ。

広告は購買活動だけではなく,社会,文化,そして政治活動をも包括していることを忘れてはならない。私たちが身を投じているのは,「商品・サービス,主義主張,生活様式」の「すべて」がシームレスにリンクした広告という戦略の真っただ中なのだ。広告は,私たちをそれらに「同一化」させようとするメディアなのである。

3 「消費のスター」とイデオロギー

❖有名人の神話

広告に有名人が起用されるのは珍しいことではない。ただしそれは,広告のなかの有名人が何らかの芸術的,文化的価値を有しているからではない(ボードリヤール,2011)。有名人に価値が付与されるのは,大衆文化のアイコン(icon)である彼・彼女らには何らかの文化的価値があるはずだと私たちが信じて疑わないからだ。換言すれば,有名人が無価値,無内容,無意味であっても,そんなはずはないという私たちの思いこみや,それを理解できないとしたら自分に非があるのではないかといった後ろめたさによって,そのような無内容の有名人に価値が与えられるのだ。

「消費のスターは,外からはさまざまなタイプの人格を代表しているように見えるが,等しく消費の全体を手に入れることができ,消費のなかに一様に自分の幸福を見出す個々の人間を表しているにすぎない」(ドゥボール,1993:58)。「消費のスター」は,思想家や

政治家といった人物とは異なり、消費されることによって有名になる。崇高でもなく、理想的でもない。無価値かもしれないが、特別な力が与えられている。大衆文化が溢れる社会では、神秘的な存在であり、崇拝を集めることができる。

「あらゆる感受性、あらゆる表情を、空虚のたびひとつの儀礼的な魅力、陶酔に似たまなざし、無効な微笑において挫折させるために存在している。そういうところでスターは神話に到達」（ボードリヤール、1985：127）する。そして、人工的な価値や魅力しかもち合わせていないにもかかわらず、私たちはスターを崇拝する。広告に映し出されたスターは、自分がもつ神秘的な魅力を商品に付与し、その商品を手に取るように微笑みかける。消費社会の神秘性とはまさしく大量消費そのものによって生み出されるのである。

たばこの広告からも、崇拝される「消費のスター」が私たちを陶酔させんとするしくみが理解できる。2007年に一般社団法人日本たばこ協会が発表したたばこに関する広告の自主基準には、「未成年に人気のあるタレント、モデル又はキャラクターを用いないこと。特に未成年者に訴求するアニメキャラクター等は用いないこと」と定められている[2]。これは、「消費のスター」に未成年者が魅了されることを恐れてのことだろう。ここでは、アニメキャラクターの使用も禁じていることに注目する必要がある。神話化されたスターは、実在の人物でなくてもよい。創り出された空想上のキャラクターであっても、私たちに微笑みかけ崇拝するように促し、イデオロギーへの共鳴へと誘うことができるのだ。

---

2)「製造たばこに係る広告、販売促進活動及び包装に関する自主基準」
〈http://www.tioj.or.jp/activity/pdf/070727_01.pdf（最終確認日：2016年8月15日）〉

✥ドナルド・ダックのイデオロギー

　ここでドナルド・ダックがどのようなイデオロギーを強化しようとしているのかを検討してみよう。ミッキー・マウスは子どもたちに悪影響を与えると思われる言動をとることができず，いつも礼儀正しいキャラクターでいなくてはならない存在として設定されていた。そのため，ディズニーは優等生としてのミッキー・マウスとは対照的なキャラクターとしてドナルド・ダックを創り出し，ミッキー・マウスに与えられなかった，お調子者で，そそっかしく，短気で身勝手といった性格を彼に与えた（小野，1983）。ドナルド・ダックは，ディズニーのキャラクターとしては珍しく，不行儀や悪態をつくことが許されているのである。

　さらにドナルド・ダックは定職につくことはなく，床屋，保険会社，警備会社といった仕事を転々とする。お調子者らしい態度でさまざまな職場で働き，数々の失敗を経験するが，それらがマンガでは滑稽に描写されているだけである。そこに描かれている労働からは，血も汗も感じることができない。労働や搾取はコメディになり，失業や貧困，飢えが重大な問題として描かれることはない。ましてや階級闘争などがそこで起こることはけっしてない。ドナルド・ダックはブルジョワジーの幻想が生み出した世界の住民なのだ（ドルフマン・マトゥラール，1984）。

　『ドナルド・ダックを読む』を執筆したドルフマンとマトゥラールはドナルド・ダックをブルジョワジーの広告塔だと批判した。当時彼らが生活していた1970年代のチリは，米国の経済的かつ政治的従属下におかれていた。彼らにとってドナルド・ダックの漫画を消費するということは，米国の個人主義や資本家の侵略を歓迎することを意味したのである。

　ブルジョワジーが富を手にして自由を満喫することができるのは，搾取される階級が存在するからである。私たちはこの事実を強く認

図 8-2 『ドナルド・ダックを読む』(ドルフマン・マトゥラール,1984)

識することなく生活している。私たちがドナルド・ダックを楽しめば楽しむほど,同時にブルジョワ的な価値観や単一な世界観が人びとに浸透していくことになる。ドナルド・ダックは,ブルジョワ文化という社会システムの正当性を世界中に浸透させるための「消費のスター」だったのだ。換言すれば,この「消費のスター」は,熱烈な個人主義や資本主義への「同一化」を加速させるメディアだったのである。

4 広告の鎖と誘惑

ノルベルト・ボルツ (1999) は,コンピューターといった電子メディアの台頭によることば文化の終焉を唱えた。私たちの多くはもはや詩に興味はない。「詩の究極の形を求め,書物の彼方に文字を押し続けたすえ辿りついたのが,広告と統計による文字画像世界」(ボルツ,1999：211) である。この世界で,ことばは触覚の対象となる。広告は読まれることなく,触られるように理解されるというのだ。広告は私たちに微笑みかける。この微笑みは,ことばに耳を傾け,ことばを読み解き,ことばを分析することを忘却させる。イメージに身をゆだね,「同一化」するように誘導するのだ。

たばこの広告に戻ろう。現在では,たばこの包装に「喫煙は,あなたにとって肺がんの原因の一つとなります」という注意書きが記されている。これは 2003 年に制定された「たばこの規制に関する世界保健機関枠組条約」[3] において,包装表面 30％以上を健康警告表示に充てることと定めたのを受けてのことだ。しかしこの警告

に，消費者はどれほど真剣な態度で接しているのだろうか。海外ではこのようなことばが無力であることを認めたかのように，癌のひどい症状がわかる写真を掲載するまでにいたっている（図8-3）。ことばのレトリックの効果が，イメージのレトリックよりそのインパクトにおいて劣っていることが，この広告からはみえてくる。

それでも，多くの人たちはたばこを手にとる。それは，テレビやインターネットのたばこ広告からさらに強烈な誘惑のメッセージが流れ，魅力的な映画の登場人物や街で出会う喫煙者が「広告塔」として私たちに微笑みかけ

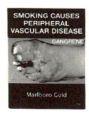

図8-3 オーストラリアのタバコパッケージ（上は2006年，下は2012年のもの）[4]

るからだ。たばこの広告は，喫煙から切り離すことができない「癌の可能性」という問題を忘れさせ，魅力的なイメージや生活様式，価値観に「同一化」させようとする。広告のレトリックは，ヘラクレス・ガリクスのように私たちを「征服」することはない（本章扉参照）。私たちに優しく語りかけ，私たちは自らの手で自分らの体に鎖を巻きつけるのだ。

---

3) 外務省HP〈http://www.mofa.go.jp/mofaj/gaiko/who/fctc.html（最終確認日：2016年8月15日）〉
4) The Tobacco Atlas〈http://www.tobaccoatlas.org/topic/warnings-packaging/（最終確認日：2016年8月15日）〉

堕落した詩法

　ジャック・ランシエール（2011）は，レトリックに対して批判的だった。その理由として，レトリックは単なる見せかけの技法であるだけではなく，人びとの理性を堕落させてしまうからだと彼は論じた。「行為を強いようとするとき，堕落は生まれる。修辞とは堕落した詩法である」（ランシエール，2011：126）。彼はもちろんレトリックを「説得」ととらえている。彼の主張を「同一化」に置き換えると，「行為を「誘致」しようとするとき，堕落は生まれる。そして「広告」の修辞とは堕落した詩法である」と表現することができるだろう。

　「広告の修辞」は甘味で魅力に溢れている。また，広告は商品だけでなく，「消費のスター」や主義主張，さらには社会システムを結ぶ「オムニチャンネル」として存在しているということを忘れてはならない。堕落した修辞に惑わされることなく対峙するためにも，広告がどのような目的で，何を売り，それと共にどのような価値観や生活様式への「同一化」を求めているのかを慎重に読み解く必要がある。修辞の「堕落」を回避できるか否かは，私たちに委ねられている。

●ディスカッションのために
1　広告以外で「同一化」の例をあげ，それが私たちにどのような影響を与えているか考えてみよう。
2　具体的な広告を選択し，それが効果的である理由，もしくは効果的でない理由を考えてみよう。
3　ドルフマンとマトゥラールが批判したドナルド・ダック以外に，他の文化や価値を侵略するキャラクターはないか考えてみよう。

●引用・参考文献
小野耕世（1983）.『ドナルド・ダックの世界像―ディズニーにみるアメリカの夢』中央公論新社
下村直樹（2010）.「広告と物語」『北海学園大学学園論集』*146*, 71-89.
常松　洋（2003）.「アメリカ広告文化史」津金澤聡廣・佐藤卓己［編］『広報・広告・プロパガンダ』ミネルヴァ書房, pp.176-199.
ドゥボール, G.／木下　誠［訳］（1993）.『スペクタクルの社会』平凡社
ドルフマン, A・マトゥラール, A.／山崎カヲル［訳］（1984）.『ドナルド・ダックを読む』晶文社
中村雅章（2017）.「オムニチャンネル戦略の重要性好要因」『中京経営研究』*26*, 81-96.
ボードリヤール, J.／宇波　彰［訳］（1985）.『誘惑の戦略』法政大学出版局
ボードリヤール, J.／塚原　史［訳］（2011）.『芸術の陰謀―消費社会と現代アート』NTT出版
ボルツ, N.／識名章喜・足立典子［訳］（1999）.『グーテンベルグ銀河系の終焉―新しいコミュニケーションのすがた』法政大学出版局
ムーア, J.／花塚　恵［訳］（2014）.『スターバックスはなぜ値下げもテレビCMもしないのに強いブランドでいられるのか？』ディスカヴァー・トゥエンティワン
ランシエール, J.／梶田　裕・堀　容子［訳］（2011）.『無知な教師―知性の解放について』法政大学出版局
Burke, K. (1969). *A rhetoric of motives*. Berkeley, LA: University of California Press.
Rebhorn, W. A. (1995). *The emperor of men's minds: Literature and the Renaissance discourse of rhetoric*. Ithaca, NY: Cornell University Press.

第9章

Instagram のレトリック
演出される「リア充」の世界
田島慎朗

2017年2月号の『CanCam』の特集は「かわいい写真が撮りたい！！」。特に目を引いたのが，Instagramへの投稿を前提とした，旅先で撮った「写真をおしゃれに見せるワザ」の紹介記事だった。車やバスではなく，あえて寄り道をしながら徒歩で観光地に向かう，カラフルな壁を見つける，動きやすさではなく観光地の雰囲気で服を決める，「自撮り」のためにヘア＆メイクまでぬかりなく準備する，食事を撮影する時はそこに映りこ

『CanCam』
（2017年2月号，小学館）

む手のネイルも雰囲気にあわせる，小道具として中心部を抜いたフォト・フレームなどを旅行先に持参する……読み進めるうち，旅先で写真を撮る目的は一体何なのかふと考えてしまった。

1 デジタル・レトリック

「われわれはスピーチの教師である (We are the speech teachers)」。これは米国のコミュニケーション研究者ウイリアム・キース (Keith, 2011) が，自身をふくむコミュニケーション研究者のアイデンティティを探ろうとする論文で宣言したことばである。

米国におけるコミュニケーション研究の誕生と発展の経緯は，レトリックと深い関係にある。現在，レトリックはパブリック・スピーキングやディベートなどの「実践的科目」として，また一般・専門教育の「研究・講義科目」として多くの大学で教えられている。これらの二つ，つまり「術」としてのレトリックと，「学識」としてのレトリックは，コミュニケーション能力や技法，またその分析に必要な知識・理論を統合し，市民社会で必要とされる人物を育成するという目標を共有している。

本章では，Instagram を中心としたソーシャル・ネットワーク・サービス (SNS) がどういったコミュニケーションを可能／不可能にするのかを分析する。インターネットに代表される情報のデジタル化は，21 世紀に入り「デジタル・レトリック」という新たな問題系を生み出した (Eyman, 2015；Zappen, 2005)。コリン・ギルフォード・ブルックが指摘するように，デジタル・レトリックの普及は，コミュニケーションの分析単位 (unit of analysis) を，テキスト単体から「メディアル・インターフェイス (medial interface)」へと移行させた (Brooke, 2009：23-25)。SNS を分析するためには，それを多種多様なテキストとそれらの間を取り持つインターフェースの複合体ととらえ，演説や弁論の「技術」としてではない，知の集積としてのレトリックの力を借用することが必要となるだろう。

2 Instagram のレトリック

　現在，レトリックはシンボルを介し人間の想像力が生み出すもの全般，もしくはその産出過程として認識されている。たとえば，ソニア・フォス（Foss, 1996）はシンボルの使用を通じてコミュニケーションをする行為がレトリックであると定義する。この捉え方は，レトリックを口頭での言明に限る従来の考え方とは一線を画している。つまり，レトリックは，もはや話し手が修得すべきことばの技術体系ではないのだ。

　この定義に従えば，話し手の意図，さらには聞き手側の批判的思考・判断すらレトリックの構成要素ではない（Billig, 1997）。というのも，人びとはシンボルを介し，知らず知らずのうちに他者そして自らをもコミュニケーションに引き込むからである。バークの同一化（☞第8章）にみられるように，「シンボルによる働きかけの無意識的側面（unconscious aspects of symbolic appeals）」（Jasinski, 2001：306）にこそレトリックの神髄があるのだ。

　このような広義のレトリックの捉え方は，レトリック研究において主流となっているだけではなく，組織コミュニケーション研究といった他の分野にも応用されている（Cheney, 1983；Wright, 1994）。そして，レトリックをこのように定義すれば，Instagram をレトリカルな視点から分析することが可能になる。

　2010年にケヴィン・システロムとマイク・クリーガーのBurbn というプロジェクトによってスタートしたInstagram は，画像・映像を共有するアプリケーションソフトである。投稿された画像は同アプリケーションやFacebook，Twitter などの他のSNS を通じて共有でき，2017年9月には世界で8億人を超えるユーザーを獲得している[1]。

　Instagram のアカウントには，レトリックに関するコミュニケーションが二つ存在する。一つ目は，ユーザーが投稿する写真に関連

図 9-1　Instagram ログイン画面[2]

したもので，もう一つはインタラクティブなコミュニケーションの場として機能する，インターフェイスに関わるものである。

　一つ目についてだが，投稿画像はかつて人気だったコダックのインスタマチックやポラロイドのインスタントカメラに敬意を払っているかのごとく，現在も多くが正方形である。そしてこれらの画像は，綿密な構成のうえで撮影され，加工を施されることが多い。具体的には，トリミング，フィルターやフェード，コントラスト機能を活用したうえで，必要であればフレームをつけて投稿することが推奨されて

---

1) Strengthening Our Commitment to Safety and Kindness for 800 Million (2017, September 26)〈https://instagram-press.com/blog/2017/09/26/strengthening-our-commitment-to-safety-and-kindness-for-800-million/l（最終確認日：2018 年 1 月 21 日）〉
2) https://www.instagram.com/?hl=en（最終確認日：2017 年 11 月 28 日）
3) たとえば，「【完全保存版】Instagram―インスタグラムのいいね＆フォロワー増やし方マニュアル」〈https://colorful-instagram.com/howto-increase-followers（最終確認日：2017 年 3 月 10 日）〉，「インスタグラムのフォロワーを増やす意味と 7 つの手順」〈https://colorful-instagram.com/7step-insta-increase-followers（最終確認日：2017 年 7 月 26 日）〉など。

いる³⁾。このように，Instagramには，一つひとつの正方形のなかに収められた画像を美しく見せるためのルールが存在する。

　Instagramのもう一つのレトリカルな面は，投稿写真に対する「いいね！」の数とコメントの量，そしてフォロワーの数などで構成されるインターフェイスである。アカウントを開くと，上部には作成者の写真と投稿，フォロワーの数が表示される。また，一つひとつの写真には「いいね！」とコメントの数が表示されている。コメントは賛辞が圧倒的に多く，そのなかに対象物や加工技術への質問もいくつかみうけられる。こうしたインタラクションの結果が可視化される点もInstagramの特徴だ。

3　アピールされる「海外っぽさ」

　フジテレビの情報バラエティ番組『フルタチさん』は，2017年2月の放送で，二人の人気インスタグラマーの特集を行った。そのうちの一人のアカウントには，カラフルなパステルカラーを基調とし，そこにフィルターやフレーム加工をかけた色どり豊かな写真が掲載されている。そこに写っているのは，海外の高級ビーチリゾートで似合うような指輪やイヤリング，サングラスや時計といった小物などのクローズアップだ。この番組によると，彼女はこうした写真を撮影する際，真夏のビーチの雰囲気を出すために，わざわざ冬の寒空の下にビニールシートを敷き，ホームセンターで買った珊瑚砂と自分で着色したカラフルな貝をちりばめたのだそうだ。10本の手の指に精巧に施されたネイルを撮影するときには，父親に写真撮影をお願いした，というエピソードも紹介されていた。

　番組に登場したもう一人のインスタグラマーのアカウントも，旅先によって基調色を変えているようだ。たとえばモロッコ旅行の写真の場合はライトブルーと淡い茶色などを使っている。また，アク

セサリーや小物のクローズアップ，素材を活かしたと思われる現地の料理の写真が多く使われ，料理の脇には花などの自然物や英語の本，おしゃれな飲み物が配置されているケースが多かった。

　ちなみに後者のインスタグラマーは，写真撮影にかなりの手間暇をかけ，しかも厳選したものしかアップロードしないそうである。たとえばカフェで食事をする時は，まず運ばれてきた料理を店内のさまざまな場所で 30 分ほど試し撮りをし，すべての撮影の終了後に食事に手をつけるのだという。番組が取材した日は，6 時間かけてカフェを 3 軒めぐり多くの写真を撮影をしたにもかかわらず，アップロードした写真は 1 枚きりであった。

　こうしてみると，二人のアカウントが人気を集めているのもたしかに頷ける。まず両者とも，Instagram のプラットフォームに合わせた写真を撮影する技術にかなり長けている。建物の写真は左右や上下で対称になっているものが多く，アクセサリー，水着，食べ物などの写真も配置や配色に気を配っており，デフォルトの「正方形」に形良く収まっている印象を受ける。

　両者のアカウントに共通するのは，あるブロガーの言葉を借りると「*海外っぽさをだし，お洒落に見せる*」[3] ことである。この「海外っぽさ」は，『Vogue』『Cosmopolitan』『Marie Claire』といった海外のファッション誌のみならず，『CanCam』『Ray』『ar』といった海外っぽさを打ち出す国内誌の写真を彷彿とさせる。これらは見せ方の勝利，つまり前節で述べたルールに厳密に従った結果である。紹介されていたアカウントが人気を集めていることからもわかるように，小物やグッズが実際に海外のものなのか，それらの写真が海外で撮影されたものなのかは重要ではないのである。

---

3)「ラブリー vs. ヘルシー」〈https://monebuu.themedia.jp/posts/1034949（最終確認日：2017 年 3 月 10 日）〉

4 リア充「風」礼賛の世界と神話作用

　こういったおしゃれで海外っぽいアカウントが人気を博しているのは、インターネット・スラングでいう「リア充」の欲望、すなわち現実（リアル）の世界で充実した生活を送る者がそれを（わざわざ）ネット上で見せびらかしたいということでは必ずしもないようだ。というのも、これらの多くは、あたかも海外のビーチリゾートで撮ったようにみえる写真をアップロードしたり、何時間もかけ苦労して撮影した写真を「何気なく」撮ったかのように掲載するなど、厳密にはリア充そのものというよりも、リア充「風」のアカウントだからである。

　スマートフォンの普及に伴い、こういったリア充風の投稿は増える一方だ。実際、Instagramの使い方は非常に簡単である。アカウントを登録すれば、あとはスマートフォンのアプリで写真をアップロードするだけである。誰もが気軽に楽しめるのであれば、それを楽しまない手はないし、そのための「お手本」はすでに多く存在する。自分がフォローする人気インスタグラマーをモデルにおしゃれで海外っぽい写真をアップロードすればいいのだ。

　Instagramにおいて展開されるこうしたコミュニケーションは、ロラン・バルトのいう「神話作用」に他ならない。端的にいえば、神話作用とは、「レプリカ」が本物よりも本物らしく思える意味作用である（バルト, 1967：9-11）。たとえば、人気インスタグラマーのアカウントにある写真は、その海外「っぽさ」やそれが醸し出すおしゃれな「雰囲気」こそがアピールポイントなのだ。

　加えて神話作用は、そこに映し出されるものごとが単純化され、無垢なものへと変化し、「すべての弁証法、即物的な目に見えるものの向う側にさかのぼることをすべて削除し、深みがない故に矛盾もない世界、自明性の中に拡げられた世界」（バルト, 1967：

189-190）をつくり出す。人気インスタグラマーの写真に羨望の眼差しを向ける人びとにとって，それらの写真をアップロードするまでに至る撮影上のさまざまな苦労や演出，さらには実際の撮影場所といったことは基本的にどうでもいいことだ。つまり，写真にある海外っぽい・おしゃれな生活が，日常の一部をさりげなく切り取った「自然なもの，あたりまえなもの」（バルト, 1967：189）として映っていることこそが重要であり，賞賛・憧れの対象となるのだ。

　Instagramの参加型インターフェイスは，こういった神話作用を助長させていると考えられる。「いいね！」やフォロワーの数が増えるのは，インスタグラマーにとっては「好ましい」ものであり，とにかくその数を増やすべく海外っぽい・おしゃれな写真を撮ろうと躍起になるのだ。ここで重要なのは，「いいね！」をタップする人びとが，必ずしもインスタグラマーの「充実したリアル」に賛同しているとは限らない。その雰囲気という神話に同感しているだけの可能性もおおいにありうる。そして，そういった人気インスタグラマーに憧れる者も，写真に写る充実した生活というよりも，リア充風な写真をアップロードし，より多くのフォロワーや「いいね！」を獲得することに魅かれているのではないだろうか。そして，これらアカウント上に展開するインタラクションが，レトリックとして機能し，また新たなインスタグラマーの誕生に一役買っているのではないだろうか。

　いうまでもないが，ここでいう「いいね！」やフォロワーの数は写真を気に入ってくれた総計として出てくる数値である。ところがいまでは料金を払ってSNSのフォロワーを獲得するサービスを利用する人たちも存在する[4]。つまり，実際にフォロワーがいるわけではなく，本当に「いいね！」と思っている人びとがいるのではないかもしれないのだ。そこにあるのは，ある空間においてある一定の行為をすれば，実質的に伝えたい意味がなくとも，そこに形式上

の意味が生まれる,あるいは実質的な意味があることになる,という神話作用である。「リア充アピール」としては,それでも十分目的は達成できるということなのだろうか[5]。

いずれにせよ,こういった「欲望ビジネス」が成立するほど,Instagramに代表されるネット世界の価値観は現実世界にまで侵入しているということなのかもしれない。そして,こういった世界観にハマっている人びとは,自分たちの行為が広い意味でのレトリックであること,つまり他者をそして自らをもコミュニケーションの場に引き込み,そしてその結果何が生み出されているのかということには気づいていないのかもしれない。

5 レトリックの現代的意義と可能性

かつてレトリックは,一発勝負の弁論の実践(☞第7章)であった。ただし,社会に対して一つの弁論がどの程度の影響力をもちうるかという点において,メディア社会に生きる私たちは慎重にならざるをえない。というのも,メディア社会において弁論は選定・加工の対象であり,その意図や文脈は曲解され,現場の臨場感や聴衆の熱狂から切り離され,消費されるからだ。つまり,弁論=テキスト単体の技巧や説得力にこだわっている限り,さまざまなテキストそしてその間を取り持つインターフェイスの複合としてのコミュニケーションのレトリカルな側面を理解することは難しいだろう。

現代のレトリックは,私たちの自己認識を(再)構成し,周りと

---

4) https://colorful-instagram.com/7step-insta-increase-followers (最終確認日:2017年3月10日)。
5) 現在では,「いいね!」をタップしてくれそうな写真を撮るためのサポートを請け負うビジネスもあるようだ。たとえば http://family-romance.com/service/realappeal.html (最終確認日:2017年7月6日)を参照。

の関わり方を変えることで，自己と社会とを変革する力としてとらえられている（Charland, 1987）。もちろん，このコミュニケーション力は，「マニュアル通り」の「プレゼン」により発揮されるような類のものではない。そこには，私たちが日常体験する多種多様なコミュニケーション，そしてそこに起こる「気づき」や「学び」の積み重ねがベースとしてあるのだ（セルトー，1987）。経験したときには取るに足らないと思っていたことでも，あとで振り返ってみると大きな意味をもっていたと実感することもあるだろう。このように，自分を，そして社会を変えることや，その可能性を広く含むのがレトリックの現代的意義である。

「われわれはスピーチの教師である」といったキースは，弁論という形式に固執してコミュニケーションを捉えるべきだと主張しているわけではない。これまでスピーチ研究・教育に従事してきた者がそうであったように，コミュニケーションを語ることの政治的示唆，そしてそれが「直接的に社会運動，あるいは公開討論の動きにつながることを意識」（Keith, 2011：89（和訳は筆者））すべきと論じているのだ。弁論という様式にこだわらず，コミュニケーションにより形成される社会，そしてそこでのコミュニケーションの質の向上を志向することは，今も変わらないレトリックの根幹だ。

それとは対照的に，この章で取り上げたようなかたちでInstagramに興じる人びとの多くは，バルトが断罪した「非政治的」な世界に生きているかのように思われる。神話作用によりつくられた世界では，不自然なほどに統一や均衡が保たれており，衝突や矛盾が基本的には発生しない世界である（バルト, 1967：189-190）。そしてそこでのコミュニケーションは，既存の価値体系を後追いしたメディア消費としての側面が強く，市民社会の生成とも新たな価値観の創造とも直接関わっているとはいいがたい。

自己と社会とを変えていく力を身につけ，来るべき未来における

集団の形成と秩序維持に関わっていくことは,時代や場所が変わろうとも,私たちの集団生活を形成していく上で非常に大切な資質である。今・ここからそれを積極的に想像・創造していくことが,私たちに求められていることではないだろうか。

●ディスカッションのために
1 政治家(市長,知事,国会議員など)が開設するSNSアカウントを検索し,そこでのコミュニケーションをレトリックを使い分析してみよう。
2 Instagramに限らず,本物であることや本物らしさを表す記号について具体例をあげ,それがもつ意味について考えてみよう。
3 「コミュニケーションにおいては,「内容」よりも外見・見た目などといった「形式的要素」の方がより重要である」という命題の真偽を,具体例をあげて検討してみよう。

●引用・参考文献
セルトー, M. de ／山田登世子 [訳] (1987). 『日常的実践のポイエティーク』国文社
バルト, R. ／篠沢秀夫 [訳] (1967). 『神話作用』現代思潮社
Billig, M. (1997). Rhetoric and the unconscious. *OSSA conference archive*, *1* 〈scholar.uwindsor.ca/ossaarchive (最終確認日:2017年6月30日)〉
Brooke, C. G. (2009). *Lingua fracta: Toward a rhetoric of new media*. Cressloll, NJ: Hampton Press.
Charland, M. (1987). Constitutive rhetoric: The case of the *Peuple Québécois*. *Quarterly Journal of Speech*, *73*(2), 133–150.
Cheney, G. (1983). The rhetoric of identification and the study of organizational communication. *Quarterly Journal of Speech*, *69*, 143–158.
Eyman, D. (2015). *Digital rhetoric: Theory, method, practice* (Kindle ed.). Ann Arbor: University of Michigan Press.
Foss, S. K. (1996). *Rhetorical criticism: Exploration & practice*. 2nd ed. Long Grove, IL: Waveland Press.

Jasinski, J. (2001). *Sourcebook on rhetoric: Key concepts in contemporary rhetorical studies*. Thousand Oaks, CA: Sage.

Keith, W. M. (2011). We are the speech teachers. *Review of Communication, 11*(2), 83–92.

Wright, M. H. (1994). Burkean and Freudian theories of identification. *Communication Quarterly, 42*, 301–310.

Zappen, J. P. (2005). Digital rhetoric: Toward an integrated theory. *Technical Communication Quarterly, 14*, 319–325.

第10章

スポーツのメディア表象
映像を通した国民的同一化をめぐって
有元　健

『Sports Graphic Number』
(848号，文藝春秋)

　2014年スポーツ誌『Number』は「ソチ冬季五輪総集編」を組んだ。表紙はフリースタイルの演技を終えて涙する浅田真央選手の姿。だがこの大会で浅田選手は総合6位。フリースタイルでも3位である。実はその裏で若き羽生結弦選手は過去最高得点で金メダルを獲得していた。単に競技成績だけを考えるならば，羽生選手が表紙を飾ってもおかしくはなかったのだ。ここにはメディアの策略がみてとれる。「表紙」に必要な消費者の目を惹きつける力——それをもつのはまだ名もなき新人の活躍ではなく，十分に物語化されたアスリートの姿だったのだ。無垢な少女だった日々，キム・ヨナとのライバル関係，同じくフィギュアスケーターの姉や亡くなった母親との家族の絆。私たちはいつの間にかそれを知りすぎるほど知っている。彼女の「ラストダンス」を見とどけたいという思いが日本中に充満していたのだ。メディアはこうして私たちの欲望を見すえ，コントロールするのである。

1 物語化されるスポーツ・コンテンツ

　2014年10月14日，FIFAワールドカップ南アフリカ大会を惨敗で終え，メキシコ人新監督ハビエル・アギーレを迎えた日本代表は，シンガポールにおいてブラジル代表との親善試合をむかえた。新監督，新たなメンバー，相手はネイマールをはじめとしたスーパースター軍団ブラジル。十分な話題性をもったこの試合の開始前，テレビ局（TBS）は7分22秒にわたる「煽りV」を流した。これから始まる戦いを意味づけ，視聴者の興味・関心を導くVTRである。その冒頭から4分40秒間フィーチャーされたのは，当時慶應大学に在学しながらJ1クラブFC東京で活躍し，日本代表に選ばれた武藤嘉紀選手だった。慶應大学，プロサッカー選手，そして抜群のルックス。これほど良質な素材は珍しい。彼が日本代表の新たなスターになれば，「日本代表戦」というメディア・コンテンツは十分な商品価値をもち続けるだろう。しかしこのVTRの制作スタッフの判断はもっと巧妙であった。まだ新人である武藤という素材はサッカーファン以外の視聴者にとっては十分認知されていない。そこでこのVTRが試みたのは，武藤に一般の視聴者にもわかる物語を貼りつけることであった。そこで登場するのが一枚の写真である。

　まだプロになる前にスポーツジムの片隅で本田圭佑選手と並んで写った写真。このとき武藤は本田から「サッカーやってるの？　頑張れよ」と言われたという。この写真，この出来事を決定的な素材として武藤の物語化がおこなわれる。出会い，努力，挫折，復活などスポーツにお決まりの物語要素がこの写真をめぐって配置される。このVTRにおいて武藤は「本田選手と運命的に出会い，彼を目指して人一倍努力し，彼に励まされ，彼が認め，いまや彼を追い越しつつあるエリート・イケメン選手」として記号化されたのである。ここで本田がもはやサッカーやスポーツの枠を越えて大衆的に

認知された記号であることも重要だ。本田は出演する数々のCMでサッカーをプレーすることもなくユニフォームも着ていない。すなわち「サッカー選手」という記号をもはや必要としないほど大衆化されたメディア素材なのである。実際に武藤との絡みも含めると約6分間，本田はこのVTRの主役であった。したがってこのVTRの意図は，本田という強力な記号と結びつけることで武藤をより大衆的に認知されたメディア素材へと変換するものであったといえるだろう。もちろんそれは，これから始まるブラジルとの一戦を価値あるメディア・コンテンツとして物語化するためでもあった。しかし，皮肉にもその試合では，武藤はおろか本田もスタメンを外れたのだが。

　この事例から明らかなことは，スポーツメディアはありのままの現実をそのまま映し出すものではなく，視聴者を魅きつけるためにそれを加工するということだ。その加工において重要な働きをするのが「物語」である。スポーツの物語素材は一般的に，感動，努力，友情，成功，家族，愛，悲劇の克服，出会いといったものであるが，後述するようにステレオタイプ化された表象も含まれるだろう。こうした素材を使って，スポーツのゲームという本来は複雑な現実をわかりやすい物語に還元してコンテンツをつくる。スポーツは物語化の加工を受けてメディア・コンテンツとなるのである。

2　「政治的」な画面とステレオタイプ化される語り

❖スポーツ映像と国民的主体化

　加工されたスポーツ・コンテンツの最たる例が，日本で国際大会が頻繁に開催されるバレーボール日本代表戦の映像である。会場ではアイドルグループが指揮を執り，満員の日本のサポーターが「ニッポン！　ニッポン！」というかけ声を叫ぶ。日本代表チームのサ

ーブのときには「ソーレ！」。得点を決めると全員が両手に持った細長い風船を打ち鳴らす。実況や解説もまた完全に日本サポーターである。試合中は「いけー！　打てー！」。日本が勝利すると「やったー！　やりました，ニッポン！」。日々ライバルと切磋琢磨して練習に励んだ選手たちとそれを応援する私たち。折にふれ挿入されるアイドルの歓喜の表情や，木村沙織のような大衆受けするメディア素材。ゴールデンタイムに商品として提供できるコンテンツとして，バレーボールの映像は徹底的に加工されている。

　ここで二つのことを考えてみよう。まず，もしこれが日本開催でなかったらどうだろうか。そこで映し出されるのはアイドルグループも満員の観客も，かけ声も風船を打ち鳴らす音もない淡々としたバレーボールの姿かもしれない。そのような映像がはたしてバレーボールファン以外の視聴者を魅きつけるだろうか。おそらくそれは難しいはずである。とすれば，私たちが普段楽しんでいるのは実のところバレーボールそのものではなく，そのメディア的加工・装飾の部分ではないだろうか。もう一つの問題はより政治的である。スポーツの映像，とりわけ国家代表の試合映像は巧みに視聴者を共感に導く。たとえばアナウンサーが「日本，危ない！」と実況するとき，視聴者は知らず知らずのうちに日本チームの立場からその映像を見る位置に立たされていることになる。つまり，そこで視聴者は日本チームを応援する立場（≒日本人）へと暗黙のうちに主体化されていくわけである。これを，スポーツ映像を通じた国民的主体化と呼ぶことにしよう。この国民的主体化のプロセスにおいて頻繁に登場する物語素材が，他者のステレオタイプ的表象である。

✣ステレオタイプ化される他者

　2011年11月16日サッカーW杯ブラジル大会のアジア地区予選，北朝鮮対日本の試合が北朝鮮のホーム平壌で開催された。この試合

は北朝鮮が1対0で日本に勝利するが，試合終了直後の日本のスタジオ（TBS）ではアナウンサーと解説者のあいだで次のようなやりとりがなされる。

> アナウンサー：それにしてもこの5万人の，ほんとに究極のアウェーのなかでの戦いっていうのは，まあ今までになかったですよね。
> 解 説 者：いや〜経験したことないですね。360度，まあ応援が一つにまとまっているのは，まあ僕もいろんな所に行って，いろんなホームの試合とか見てますけど……初めてですね。たぶん本当にすごかったと思いますよ。
> アナウンサー：う〜ん，いかにサポーターの力がやっぱり，試合内容に影響を与えるかというのが，よ〜くわかりますよね。

このやりとりでは北朝鮮の「アウェー」と「サポーター」という要素が強調される。日本が敗れたのは北朝鮮代表チームのサッカーのプレーではなく，サポーターがつくりだす「究極のアウェー」の圧力だったという物語化がなされているのである。その物語化を補強するのは，「敵地5万大観衆にのまれた!?　ザックジャパン初黒星」という画面上のテロップや，途中で挿入されるスタジアムを埋め尽くす北朝鮮サポーターの映像である。その後，日本代表選手3人のインタビューが流される。この日のインタビューは，企業広告が一つもないスタジアムで，スタンドを満たす北朝鮮のサポーターの姿を背景に行われた。アウェーでの戦い方に課題があったと語る日本人選手たちの背後では，北朝鮮のサポーターたちが歓声をあげている。その指揮を取るのは上下白衣姿の男性である。観客は統率された行動をとり，TVカメラはマイクに向けてアップで語る日本人選手の姿と，画面左端の名前のテロップとの中心線上に，その白

衣の男性をとらえ続ける。あたかも画面の影の主役が観客をコントロールするその指揮者であるように。この放送ではアナウンサーや解説者の言葉，テロップや挿入映像，カメラワーク，これらが一体となって視聴者を日本人として主体化すると同時に，北朝鮮のサポーターを全体主義的な国家体制によって精神も身体も統率された集団であるかのように映し出した。

　北朝鮮のサポーター（国民）が統率された集団として日本チームに異様な圧力をかけたという物語は，あたり前の出来事として視聴者に受け入れられるようである。実際に大学の授業で学生にこの映像を見せると，「洗脳」「不気味」という言葉が返ってくる。しかしその映像に映る北朝鮮サポーターを客観的にみると，バレーボール日本代表を応援するサポーターのほうがより統率されているともいえるのだ。だが日本代表のサポーターに何らかの全体主義的なニュアンスを感じ取ったり，「究極のホーム」をつくっているなと感じたりする視聴者はほとんどいないだろう。ではなぜ日本のサポーターは異様な集団に見えないのに，北朝鮮サポーターは「洗脳された不気味な」集団に見えてしまうのだろうか。

✤スポーツ映像が生み出す「神話」

　イギリスのメディア社会学者スチュアート・ホールは記号論の伝統に依拠しながらメディア表象を分析したが，そこで強調した一つの要素がフランスの文学者ロラン・バルトのいう「神話」概念である（Hall, 1997：39）。端的にいうと，バルトのいう神話とは，ある言葉やイメージ（映像・画像）が，本来は必然的な関係をもたないにもかかわらず，なにか当たり前のように特定の概念・意味を呼び起こすような作用である。たとえば，インターネットニュースに「ブラジル対スペイン」という見出しがあったとする。この言葉そのものにはどこにもサッカーが言及されていないにもかかわらず，

この見出しを見て自然にサッカーのことだと思う人は多いのではないだろうか。これと類似した現象はメディアのなかで数多く起こっている。ある言葉やイメージが固定された解釈の枠組みにつねに組み込まれてしまうような状況である。バルトはこのような現象をデノテーションとコノテーションという概念で説明する。デノテーションとはその言葉やイメージそのものの意味，コノテーションとはそのデノテーションの上に想像的に付与される意味と考えればよいだろう。確認すべきは，この想像的な意味の貼りつけは人為的なものであって，けっしてその言葉やイメージから必然的に導かれるものではないということだ。このコノテーションの領域が神話であって，バルトによれば，それこそが私たちの固定観念＝ステレオタイプを形成するものだという。

　前述の北朝鮮戦の映像にこの理論をあてはめてみよう。バレーボールの事例からわかるように，統率されたサポーターの姿が映されたとしても，それが必然的に全体主義という意味を呼び起こすわけではない。しかし私たちは北朝鮮のサポーターに全体主義や不気味さを読み込むように導かれる。なぜならこの映像では，アナウンサーや解説者の言葉も，テロップもカット割りもカメラアングルも，すべて「北朝鮮＝不気味な国家」というイメージを暗黙の前提として成立しているからである。私たち視聴者は意識しないままそのなかに巻き込まれ，コノテーション＝神話のレベルで想像的に北朝鮮サポーターを不気味なものとして意味づけるわけだ。「北朝鮮＝不気味な国家」という固定された意味，すなわちステレオタイプが，この放送を通じて再生産されているのである。

　ステレオタイプの議論をもう少し進めよう。とりわけスポーツメディアの領域において頻出するステレオタイプ的表象は人種をめぐるものである。ホールはステレオタイプについてその特徴を次のようにまとめている（Hall, 1997：257-259）。

- その人物についてのすべてを何らかの特徴に還元する。
- その特徴を単純化し誇張する。
- その特徴を変化や発展がないとして固定化する。

　こうしたステレオタイプ的表象があてはまるのが，黒人アスリートに対するものである。ジョン・ホバマンの研究（ホバマン，2007）を筆頭に黒人アスリートをめぐる表象の問題は数多く論じられてきたが，日本でもスポーツ研究者の山本敦久が日本のメディア報道における黒人アスリート表象を論じている（山本, 2010）。山本は2002年のサッカーW杯での報道を分析しながら，「日本のメディア・スポーツ環境を眺めてみれば，セネガルなどアフリカ代表チームや黒人選手のプレー，チームのプレースタイルなどに関する分析，解説，予想，賞賛，酷評などは，おおむね「高い身体能力」という語彙にこれまで集約されてきた」という（山本, 2010：259）。現実には洗練された組織プレーを黒人選手が行っていたとしても，「身体能力」という強力なコノテーションがそれを上回って彼ら／彼女らのプレーを意味づけるのである。

　最近の事例でも，こうしたステレオタイプが根強いことがわかる。2016年8月4日，リオ・オリンピックのサッカー一次リーグ日本対ナイジェリアの放送中（NHK総合），「足が出る」という言葉が何度も用いられ，ナイジェリア人選手たちのプレーを表象していく。だが実際には，サッカーの実況・解説で用いられる「足が出る」という言葉がどのような現実を指しているかは不明確である。むしろ実況者や解説者は，本人たちも自覚しないままに，「黒人の身体がもつなにか理解不能な能力」を集約する要素として「足が出る」という言葉を使っていると考えることができる。それを示すのが，2012年10月6日に行われた17歳以下の女子サッカーワールド杯日本対ガーナ戦（BSフジ）のハーフタイムでの実況者と解説

者のやりとりである。

> 実況：加藤さんにも途中触れていただきましたけれど，前半のゲームの中でも，相手プレーヤー変なとこから足やっぱり出てきますね。
> 解説：そうなんですよね。はい，なので……。
> 実況：変なとこというとガーナの方に申し訳ないんですが，でも感覚的にはそんな感じだと思うんです。
> 解説：はい，たぶんそのあたりで少しね，戸惑いというのもあるかもしれないですけれども。

　こうして，現実には多様なプレーの集合体であるはずのゲームは，お決まりの「黒人身体能力」という素材によって物語化される。ホバマンやその他多くの研究者が論じるように（Hall, 1997：243-251），黒人アスリートの身体をめぐるこのようなステレオタイプ表象は奴隷制時代に形成された黒人／白人の二分法の論理をいまだに継承している。つまり，一方には身体能力に長けた黒人がおり，他方には知能に長けた白人がいる，そしてそれぞれの持ち場は，黒人は本能や自然，野蛮の領域であり，白人は文明や理性，テクノロジーの領域である，とされるわけだ。スポーツという領域におけるステレオタイプは，黒人に対する社会全体のまなざしに強い影響を与えてきた。スポーツに長けているという意味を貼りつけられた身体は，あたかもそれ以外の理性的な領域では成功しない身体であるかのようにまなざされるのである。

3 スポーツメディアが見せる「夢」

　ぶつかり合いの多いサッカーという競技のなかで身体能力が発揮される部位は他にもありそうなものだが，なぜ黒人選手の「足」が執拗に強調されるのだろうか。本章を閉じるにあたって，これをフェティシズムという言葉で説明してみたい（Hall, 1997：262-269）。フェティシズムとは，母親にペニスがないことを発見した男児が自分のペニスも切除されるのではないかという不安（去勢不安）を抑圧するために，身体の別の一部（手や足）などを空想的に女性のペニスと見立てて執着・崇拝する行為を指す精神分析の概念である（フロイト, 1997：283-292）。ここから確認できるのは，他者の身体の一部に執着・崇拝することは，自己自身の不安や欲望の裏返しだということである。つまりフェティシズムの議論から導かれるのは，他者の身体の一部を執拗に表象する行為は，それを語る自己のあり方と密接に関係しているということである。たとえば同じリオ・オリンピックでナイジェリア代表はスウェーデン代表と戦っているが，その試合で日本の実況者・解説者がナイジェリア代表選手に「足が出る」という表現を用いたのはわずか1回である。つまり，ナイジェリア代表の黒人選手たちが「足が出る」ように見えるのは，「日本人」との対照性においてだということなのだ。黒人選手の「足が出る」というのは多分に想像的な領域を含む他者表象であるが，その表象は同じく想像的な「日本人」のイメージと対になっているのである。

　あるスポーツライターはこう語る。

> パワーや高さでは劣っても，日本人は俊敏性に優れ，細かいテクニックもある。さらに協調性を持ち，戦術を理解して実行する能力が高い。強い相手に立ち向かう勇気もあり，何よりも，試合を最後まであきらめない。それが日本人だ[1]。

こうした日本人像はサッカーをはじめとしたスポーツメディアでは常套句になっているし，スポーツの文脈を超えて日本人を表象する典型的なイメージとなっている。身体能力の高い黒人や白人に身体で劣った日本人が立ち向かうという国民的物語がここで反復されるのだ。だがこの日本人像こそ，ホールが整理したステレオタイプ的表象に見事にあてはまる。日本人の身体がある特徴に還元され，単純化され，誇張されているのである。他者に対するステレオタイプは反転して自己に対するステレオタイプを形成する。高い身体能力が凝縮された他者の「足」に執着する黒人ステレオタイプ表象は，それをもたない私たちの不安を自己の身体に対するフェティシズム――敏捷性，技術，協調性――で補う表象と一対なのである。こうした表象は，「日本人」を身体的に同質なものとして定義し，現実にはそこに含まれる多様性や異種混交性を例外として位置づける価値観を再生産する。なぜならスポーツ映像こそ，他のどのようなメディアにもまして国民的同一化の装置となるからである。

　スラヴォイ・ジジェクがいうように，実のところステレオタイプはそう思い込みたいという空想によって支えられる（ジジェク，2015：237-245）。そういう意味で私たちはスポーツの「夢の力」にとりつかれているのである。2020年オリンピック・パラリンピック東京大会招致のスローガンは「今，ニッポンにはこの夢の力が必要だ」であったが，私たちに必要なのはむしろスポーツの見せる夢から覚めることなのだ。

---

1) 清水英斗「ザックジャパンが世界で戦うためのキーワード「香川の剣」と「本田の盾」。日本人らしい香川で勝ち，日本人離れした本田で負けない」〈http://news.livedoor.com/article/detail/8798001/（最終確認日：2017年4月18日）〉。

● **ディスカッションのために**
1 これまでに触れてきたスポーツメディアのなかでどのようなステレオタイプを見出すことができるか話し合ってみよう。
2 スポーツ映像のなかで国民的同一化を促すシーンや加工にはどのようなものがあるか考えてみよう。
3 スポーツメディアにおいて男子競技と女子競技,また男性アスリートと女性アスリートの扱いはどのように違うのだろうか。またそれはどのような価値観に基づいているのだろうか。具体的な事例をあげて考えてみよう。

● 引用・参考文献

ジジェク, S. ／鈴木　晶［訳］(2015). 『イデオロギーの崇高な対象』河出書房新社

フロイト, S. ／中山　元［編訳］(1997). 『エロス論集』筑摩書房

ホバマン, J. ／川島浩平［訳］(2007). 『アメリカのスポーツと人種』明石書店

山本敦久 (2010). 「スポーツ観戦のハビトゥス―人種化された視覚の場と方法論的ナショナリズム」橋本純一［編］『スポーツ観戦学―熱狂のステージの構造と意味』世界思想社, pp.256-279.

Hall, S. (1980). Encoding/decoding. In S. Hall (ed.), *Culture, media, language: Working papers in cultural studies, 1972-79*. London: Hutchinson, pp.128-138.

Hall, S. (ed.) (1997). *Representation: Cultural representations and signifying practices*. London: Sage.

第11章

「異なる身体」の表象
ダイバーシティ言説とネオリベラルな健常主義
井芹真紀子

「2020年，渋谷。超福祉の日常を体験しよう展 SUPER WELFARE EXPO」（主催：NPO法人「ピープルデザイン研究所」，共催：渋谷区など）が2015年から3年連続で開催されている。2020年東京パラリンピックを念頭に，「障害者をはじめとするマイノリティや福祉そのものに対する「意識のバリア」を取り除くことを目的」に企画されたこのイベントでは，テクノロジーを駆使した近未来的なデザインの義肢や，カラフルでおしゃれな車いすなどが展示された。ファッショナブルな福祉機器が街の「ダイバーシティ」を彩る「目玉商品」としてディスプレイされる一方で，車いすが飾られたセレクトショップの一部はスロープがないために，車いす使用者はメインエントランスから店に入ることができないという状況が生まれていた。ここで提示される新たな「福祉」のイメージには今日の「ダイバーシティ」言説の特徴が色濃く表れている。

アパレルショップのウィンドウに展示された，最新の「福祉機器」
（筆者撮影：2015年）

1 マイノリティをめぐる語り

　LGBT も，障害者も，「普通の景色になっていく街をつくりたい」——同性カップルに対する「同性パートナーシップ証明」の発行を含む，いわゆる「多様性条例」[1] の推進者である長谷部健渋谷区長（2017 年 4 月現在）は，区長当選後のイベント[2] でこう語った。近年，行政や企業を中心とするさまざまな分野で「ダイバーシティの推進」や「多様性の尊重」の重要性が謳われている。2014 年 12 月，オリンピック憲章に性的指向による差別の禁止が新たに盛り込まれたこともあり，2020 年オリンピック・パラリンピックの東京開催を念頭に，性的マイノリティと障害者が「ダイバーシティ」を象徴する存在として並列的に語られることが増えている。

　さまざまな属性や社会的・文化的背景をもつ人びとの共生を，より望ましい社会や組織のあり方として標榜する「ダイバーシティ」の称揚。既存の社会が規定する「普通」とは「異なっていること」を理由に差別や黙殺の対象となり，制度的・社会的排除を受けてきたマイノリティにとって，「ダイバーシティ」という概念に含意される「差異の尊重」という側面が重要な意義をもつことは間違いないだろう。「いない」ことにされてきたマイノリティの存在が可視化されるようになるまでには，当事者たちが長年声をあげ，活動してきた歴史があることを，けっして忘れてはいけない。けれども同時に「差異」を受け入れる身振りとは，多面的に展開されるダイバ

---

1) 「渋谷区男女平等及び多様性を尊重する社会を推進する条例」（2015 年 4 月 1 日施行）。「同性パートナーシップ証明」の発行は「日本初の同性婚条例」などと大きく報道されたが，法的拘束力はなく，男女の婚姻関係において保障されている多くの権利が認められていない。
2) http://www.huffingtonpost.jp/2015/05/18/lgbt-hasebe-ken_n_7303354.html（最終確認日：2017 年 4 月 22 日）

ーシティ言説の一部分でしかない。それどころか，差異の政治性を無効化することにおいてこそ，「ダイバーシティ」言説は機能しているとすら考えられるのである。

本章では，今日のダイバーシティ言説とネオリベラリズム体制との強い結びつきを明らかにし，「異なる身体」の新たな表象を分析することで，健常主義／能力至上主義が再編成されつつある現状を批判的に読み解いていく。

❷ 「ダイバーシティ」とマイノリティの包摂

渋谷区の打ち出すダイバーシティ政策が，LGBT や障害者を何らかの差異を帯びた存在としてしるしづける一方で，街の「普通の景色」とすることを目指している矛盾を，どう考えたらいいだろうか。サラ・アーメッドは，英国やオーストラリアの高等教育機関における「ダイバーシティ」という言葉の使われ方の系譜を分析し，「平等」の言語が「ダイバーシティ」の言語へと取って代わったことについて，前者が「制度に対する批判や不満のポリティクスを呼び起こす」のに対して，後者はむしろそのような対立を「回避」し，組織と「協働」することを可能にする用語であると指摘する（Ahmed, 2012：64-65）。渋谷区のダイバーシティ施策においても同様に，多様性の重視とは「人権」の問題ではなく，「国際都市・渋谷」を実現するための都市戦略であることが繰り返し強調されている。マイノリティの存在は，その「人権」と巧妙に切り離されることではじめて，魅力的な価値ある「多様性」とみなされるのだ。

つまり，そこで性的マイノリティや障害者とは，街に先進性やクリエイティビティといった美的・経済的価値をもたらす「活用」[3]可能な差異なのである。ダイバーシティ言説において差異を付与されるマイノリティには，不平等や排除を生み出し続けている既存の

規範や制度——「普通」を形づくるシステムそのもの——に異議を申し立てるようなことはせず、むしろそれらと協働することによって「普通」という体制へとスムーズに包摂されながら、「景色」として後景化することが要請されている。「ダイバーシティ&インクルージョン（包摂）」といった標語は、その目新しいイメージとは反対に、既存の体制の変革ではなく維持を約束しているということに、私たちは注意深くあらねばならない。「ダイバーシティはより・インクルーシブな言語として認識されるようになってきた。なぜな・ら、それは組織の価値観を変えることとは必ずしも関係がないからなのだ」(Ahmed, 2012 : 65, 強調原文)。

3 ネオリベラリズム体制とフレキシビリティの要請

図11-1 『ダイバーシティ経営戦略4』(経済産業省, 2016)

人権の保障や既存の制度そのものがもつ問題性を棚上げにして推進される「ダイバーシティ政策」は、「人材の多様性」を資源として活用しようとする企業の経営戦略と強い類似性をもっている。こうした「ダイバーシティ・マネジメント」において、多様性の推進はより明確に、企業の競争力強化や利潤追求のための「手段」として位置づけられている。

ここで注目すべきは、ビジネス分野におけるダイバーシティ言説が、「不確実

---

3) 長谷部区長は区議時代、渋谷の街づくりで「LGBTの人なども、うまく活用できないかということも考えています」と発言している〈http://www.ecozzeria.jp/archive/news/2012/11/12/asa_chikyu_dai_1209.html（最終確認日：2017年4月29日)〉。

な環境変化にも素早く適切に対応し，危機を乗り越えることを可能にする柔軟性」という理想と切り離しがたく結びついているということである。「ダイバーシティの称揚」と「フレキシビリティ（柔軟性）の要請」はどのように関連し，機能しているのだろうか。

❖フレキシビリティの二重性

政治経済学者のデヴィッド・ハーヴェイは，1970年代から80年代に起こった資本主義経済体制の抜本的な再編成によって，「労働過程，労働市場，生産物，消費様式に関連するフレキシビリティに基づく」（ハーヴェイ，1999：199），まったく新しい経済的・文化的体制が出現したと指摘している。戦後好景気と大量生産・大量消費に支えられたフォーディズム体制は，その「不変の消費市場での安定成長を想定したような大量生産システム」（ハーヴェイ，1999：192）の「硬直性」のため，70年代のオイルショックによる急激な景気後退に対応できず，資本主義世界は危機に陥った。そのような危機的状況を打開するべく展開されたさまざまな対応を総称して，「フレキシブルな蓄積」とハーヴェイは呼び，フレキシビリティの増大を資本主義体制の大きな転換点として位置づけたのである。

ここで注意しなくてはいけないのは，「フレキシビリティ」という後期資本主義経済における「美徳」が，誰にとってどのように機能するかという問題である。エミリー・マーティンは「フレキシビリティ」という言葉が「きわめて好ましい側面——積極性，革新性——とあまり好ましくない側面——受動性，従順——」（マーティン，1996：225-226）という二重性をもつと指摘する。

労働におけるフレキシビリティとは，一方で「自由に労働者を雇ったり，首にしたりできる組織の能力」（マーティン，1996：224）を意味し，それは企業が環境の変化に応じて，規模を縮小したり拡大したりしながら競争を生き延びることを可能にする。しかし翻って

いえば,それは労働者の側がそのような企業の都合に「フレキシブル＝従順」に従うことを余儀なくされることを意味するのである。しかもそのような労働者にとって「フレキシビリティ」とは多くの場合,「健康保険,有給休暇,有給による病気療養,ボーナス,昇進の可能性,職場内の地位といったもののない」不安定な労働形態であり,「安全性を放棄」し,「融通のきく」労働者であれと要請するものなのだ(マーティン,1996:226, 225)。

❖フレキシブルな異性愛主義・健常主義体制

　経済・産業体制の再編成において出現してきたフレキシビリティという新たな「価値」は,経済の分野にとどまらず,今日のネオリベラルな社会的・文化的構造全体を特徴づけるものであり,私たちの日常の隅々にまで浸透している。とりわけ90年代後半以降,ダイバーシティ言説の広がりに伴って,性的マイノリティや障害者を「絶対的な逸脱者」とみなして排除するのではなく,むしろマイノリティと「フレキシブルに協働」することを通じて自らの優位性を確立する,新たな異性愛／健常主義体制が形成されてきたことが指摘されている(McRuer, 2006)。

　ここでもまた,フレキシビリティは非対称な二重性をもって機能する。異性愛／健常主義体制にとってフレキシビリティとは,ダイバーシティ言説が用意した「寛容」のポーズをとることで「異質な他者」に脅かされることをしなやかに回避し,自らの完全性を維持することを可能にするある種の「能力」を意味する。一方で性的マイノリティや障害者といったマイノリティの側は,そのようなフレキシビリティが可視化されるための効果的な「背景」となるべく「マネージ(管理／運用)」され,その与えられた位置にフレキシブルに従属することを要請されるのである(McRuer, 2006)。

　つまり,今日のネオリベラルな社会体制における「ダイバーシテ

ィの称揚」と「フレキシビリティの要請」がもたらすものは，権力関係の解体や規範の根本的な変容ではなく，むしろそれらの維持であり，強化なのだ。マイノリティに対する排除と抑圧から，包摂と解放へという「進歩」のナラティブでは，この「新しい，改良された，そしてフレキシブルな同性愛嫌悪と健常主義」(McRuer, 2006：28) が見えなくなってしまうのである。

4 「スーパーヒューマン」という表象

　ダイバーシティ政策の「目玉商品」として，性的マイノリティと障害者を並列的に取り上げ「活用」する渋谷区のイメージ戦略は，まさにこのようなフレキシブルな異性愛／健常主義体制の台頭を，私たちに実感させるものだろう。「フレキシブルに協働」するマイノリティの一時的な可視化によってもたらされる現状の変化とは，きわめて限定的なものであるということが同区の「LGBT施策」をめぐる議論においてすでに指摘されている[4]。その一方で，渋谷区長はパラリンピックの成功こそ「先進都市の条件」とたびたび主張してきた。「今まで，手を差し伸べる対象って思ってた人たちが，尊敬する対象に変わっている言葉」[5]と渋谷区長が絶賛し，自らの進めるダイバーシティ施策におけるもう一つの「目玉商品」に据えるのが，「スーパーヒューマン」という新たな障害者表象である。

　2012年ロンドン・パラリンピックの際に，英国の公共テレビ局「チャンネル4」はパラリンピック・アスリートたちを，視覚的に「異なる身体」と最新テクノロジーとが融合した，文字通り「超

---

4) 川坂和義 (2015) や清水晶子 (2017) の議論を参照のこと。
5) http://www.huffingtonpost.jp/2015/05/18/lgbt-hasebe-ken_n_7303354.html（最終確認日：2017年6月25日）

人的」な存在として描き，世界中で話題となった[6]。それは，「哀れみや感動を呼び起こす」ような，「お涙頂戴的な障害の形象」(Garland-Thomson, 2001：341)といった従来の障害者のステレオタイプ[7]とは異なり，極度にスペクタクル化された「フレキシブルな身体＝能力」の表象なのである。

元パラリンピック選手で現在は俳優・モデルとして活躍するエイミー・マリンズは，この新たな障害者表象の先駆け的な存在の一人だといえるだろう。カーボン製の競技用義足や芸術的な木彫りの義足を履くマリンズの姿は，「障害を正常化したり隠したりすることを拒絶し」，自らの「異なる身体」においてその優れた能力や強靭さ，美しさを再定義することで，「完全な身体という幻想」をパロディ化しているとも論じられた (Garland-Thomson, 2002：26-27)。

ミッチェルとスナイダーが「超義肢化された身体 (the hyperprostheticized bodies)」と形容する，これらの「スーパーヒューマン」表象を考えるときに重要なことは，伝統的な「克服の物語」とは異・な・る・形で「障害」が表象されているということである (Mitchell & Snyder, 2015：57)。「逆境から生まれる機会」というスピーチでマリンズは，「障害」を個人において生じた

図11-2　エイミー・マリンズ：TED Talk 'My 12 pairs of legs'（「エイミー・マランスと12組の足」）[8]

---

6) https://www.youtube.com/watch?v=tuAPPeRg3Nw（最終確認日：2017年7月3日）

7) 障害者の文化表象に関する批評的分析ついては，Shakespeare (1994) も参照のこと。

8) https://pi.tedcdn.com/r/pe.tedcdn.com/images/ted/d3d18f76c4b3928cc0b9c603cac4202c9747d93f_2880x1620.jpg?w=1200（最終確認日：2017年7月3日）

「困難」や「悲劇」とみなし,それらを「乗り越える」障害者の姿を感動や同情の対象にする健常主義的眼差し[9]に対し,「常に居心地の悪さを感じていた」(Mullins, 2009) と述べ,このような「克服の物語」に自らが位置づけられることをはっきりと拒絶する。その代わりに,健常主義社会において「逆境」とみなされてきた自身の身体障害を,「克服」すべきものではなく,さまざまな可能性を引き出す「機会」として捉え直してみせる。注目すべきは,その置き換えにおいて,マリンズがダーウィンの名を借りて語られることの多い,ビジネス界に膾炙したある主張に依拠しながら「変化への適応」を「(生存)能力」として提示していることである。

> 生き残ることができるのは,最も強い種でも,最も賢い種でもありません。変化に対して,最も上手く適応できる種が生き残るのです。[中略] 変容と適応とは,私たち人間の最も偉大な手腕なのです。(Mullins, 2009)

ここで示されている「能力」とは,障害を消し去りいかに「正常」に近づけるかという,「正常」と「逸脱」を対立させる従来の枠組みと必ずしも一致するものではない。障害は「克服すべき」ものではなく,適応能力や変容可能性という新たな「強さ」の源泉として位置づけられているのだ。

---

9) コメディアンでもあり,ジャーナリストでもある,障害者運動の活動家ステラ・ヤングが,このような障害者に対する収奪的な眼差しを「感動ポルノ (inspiration porn)」と呼び,痛烈に批判したことは,日本のテレビでも紹介され話題となった〈https://www.ted.com/talks/stella_young_i_m_not_your_inspiration_thank_you_very_much?language=ja(最終確認日:2017 年 6 月 26 日)〉。

5 「適者生存」が覆い隠すもの

「克服の物語」の背後にある，障害を「あってはならないもの」とする健常主義規範と障害者を他者化する眼差しは，現在も根強く社会に浸透しており，今後も問い直され続けなくてはいけない。けれども同時に，マリンズやパラリンピック・アスリートたちの身体に投影される新しい，ポジティブな障害者表象が，先述した「フレキシビリティ」を称揚し，要請する言説と非常に親和的であるという点もまた，看過すべきではないだろう。

マーティン（1996）は，ネオリベラリズム体制の拡大と時を同じくして，望ましい性質としての「フレキシブルであること」が，人間の身体や健康のイメージと重ねられながら流通してきたことに注目する。「フレキシビリティ」というネオリベラリズム体制下で台頭してきた新たな「能力」とは，まさにマリンズが言及したように，「ある者が生き残り，ある者が生き残れないという「適者生存」の概念」なのである（マーティン, 1996：17）。

言い換えるならば，現代における「理想的で強靭な身体」とは，揺らぐことのない頑健さというよりも，変化に素早く適応し，危機を契機へと変えるしなやかさにこそ見出されてきた。付け替え可能な最新型の義足が「テクノロジー的消費の露骨な形態を華々しく誇示するもの」(Mitchell & Snyder, 2015：57) としての役割を果たしているだけではない。それらにスムーズに適応し，しなやかに変容・拡張する能力を完璧に視覚化させるマリンズの身体性そのものが，まさにネオリベラリズムと健常主義／能力至上主義との交錯点に浮かび上がる，フレキシビリティ＝能力の象徴なのである。

したがって，「スーパーヒューマン」表象を考える際に問われなくてはいけないのは，それが障害をどのように表象しているかということに加えて，それが何を，そして誰を，見えなくしてしまって

いるかという問題である。ミッチェルとスナイダーは，現代のパラリンピック選手に付与されるこの新たな障害者表象を「健常な障害者（the able-disabled）」（Mitchell & Snyder, 2015：57）と呼び，それは大多数の障害者の生とは完全に切り離されたものであると指摘する。今日のダイバーシティ政策は，自分たちにとって都合のよい障害者の表象を動員することによって，マジョリティが「先進性」や「マイノリティへの寛容」を手に入れ，資源として活用するだけではなく，障害者が直面する社会的不平等を不可視化する側面をもっているのである。

❻ 「できなくさせる社会」を変えていくために ──

　障害者を哀れみや同情の対象にする健常主義規範への異議申し立ては，単純に障害を「個性」や「異なった能力」というポジティブなものへ捉え直すことだけを求めてきたわけではない。障害者運動のなかから理論化されてきた「障害の社会モデル」は，そもそも「障害（ディスアビリティ）」とは，個人の身体的，知的，精神的な「機能不全（インペアメント）」に起因するのではなく，「できなくさせる社会（disabling society）」によって生み出されるものであるということを明らかにしてきたのである（星加, 2007：43）。つまり，障害（ディスアビリティ）には，既存の社会制度や規範の不均衡によって特定の人にもたらされる「社会的不利益」として問題化され（星加, 2007：68），社会構造そのものに埋め込まれた権力の不均衡を是正するための取り組みが行われてきた歴史があるのだ。

　一方，表層的な「ダイバーシティ」の推進や新たな障害者表象の台頭がもたらすのは，本章の扉で紹介した渋谷区の取り組みと同様に，「アクセスは変化しないまま，身体的な改造によって達成される，ユートピア的な世界の称揚」（Mitchell & Snyder, 2015：55）である。

最新のテクノロジーを駆使した義肢など高額の補装具や福祉機器を手にし、自在に使いこなすことが可能な人はほんの一握りであるというだけではない。社会の側ではなく、「異なった身体」の側にのみ変容・適応することを要請し、その柔軟性を称賛することによって、「健常者」を基準にしてつくられた道路や交通機関、建造物を含む既存の社会構造は温存され続けているのである。

近年、高らかに謳われる「ダイバーシティ＆インクルージョン」という標語や、そのなかで新たに生み出される「ポジティブ」なイメージによって可視化されるマイノリティの存在。それらが本当に既存の社会規範の根本的な変革を意味しているのか、差別や排除といった抑圧構造を解体するものなのか、私たちはよく考え、問い続けなくてはいけない。

● ディスカッションのために
1　「ダイバーシティ」や「多様性」という言葉が、あなたの日常のどのような場面で使われているか具体例をあげてみよう。そのなかで何が語られ、何が見えなくされているか考えてみよう。
2　「フレキシブル（＝柔軟）であること」に価値が置かれている領域にどのようなものがあるか、話し合ってみよう。また、そこで「フレキシビリティの二重性」がどのように機能しているか考えてみよう。
3　メディアにおける「障害者」の表象を批判的に分析してみよう。そこでは、誰が誰に向けて、どのようなメッセージを発しているだろうか。

● 引用・参考文献
川坂和義（2015）.「「人権」か「特権」か「恩恵」か？―日本におけるLGBTの権利」『現代思想』*43*(16), 86-95.
清水晶子（2017）.「ダイバーシティから権利保障へ―トランプ以降の米国と「LGBT」ブームの日本」『世界』*895*, 134-143.

ハーヴェイ, D. ／吉原直樹［監訳］(1999). 『ポストモダニティの条件』青木書店
星加良司 (2007). 『障害とは何か――ディスアビリティの社会理論に向けて』生活書院
マーティン, E. ／管　靖彦［訳］(1996). 『免疫複合――流動化する身体と社会』青土社
Ahmed, S. (2012). *On being included: Racism and diversity in institutional life*. Durham and London: Duke University Press.
Garland-Thomson, R. (2001). Seeing the disabled: Visual rhetorics of disability in popular photography. In P. K. Longmore, & L. Umansky (eds.), *The new disability history: American perspectives*. New York and London: New York University Press.
Garland-Thomson, R. (2002). Integrating disability, transforming feminist theory. *NWSA Journal*, *14*(3), 1–32.
McRuer, R. (2006). *Crip theory: Cultural signs of queerness and disability*. New York and London: New York University Press.
Mitchell, D. T., & Snyder, S. L. (2015). *The biopolitics of disability: Neoliberalism, ablenationalism, and peripheral embodiment*. Ann Arbor: University of Michigan Press.
Shakespeare, T. (1994). Cultural representation of disabled people: Dustbins for disavowal? *Disability & Society*, *9*(3), 283–299.

●引用・参考映像
Mullins, A. (2009). The opportunity of adversity. 〈https://www.ted.com/talks/aimee_mullins_the_opportunity_of_adversity.（最終確認日：2017年6月14日)〉

第12章

性的マイノリティへのまなざし
レズビアン表象をめぐるジレンマ
佐々木裕子

2017年5月,ドン・キホーテ渋谷店に「ALL GENDER」トイレが設置された。「お子さま連れやお身体の不自由なお客さまのほか,性的指向や性自認のいかんにかかわらずどなたでも」使用できるトイレだと企業側は発表している。だがトイレの前には階段があり,実際は誰もが使えるものではない。また「ALL GENDER」という表記により,「性的指向や性自認」によって男女分けトイレの使用に困難をおぼえる人への配慮が示されてはいるが,男女のトイレが残されている以上,そこに入る人が奇異のまなざしにさらされる可能性もある。むしろすべてのトイレをバリアフリーにし,ジェンダーで分けず個室にするほうが,誰もが安全に使えるトイレになるように思える。さまざまな設備でバリアを解消する取り組みが進んでいるが,それが本当に誰にでも開かれた空間かどうか,またそれを表す言葉こそがバリアを生じさせていないかを考えていく必要がある。

ALL GENDER の表示のあるトイレ
(筆者撮影)

1 ポジティブな性的マイノリティの内実

2015年は、同性パートナーシップ条例、企業内ダイバーシティ、LGBT市場への着目を軸に、性的マイノリティ[1]の存在の可視化が加速的に進んだ年である[2]。あるいは、カップルとして生活を営み、企業で労働し、消費活動を行う存在としての性的マイノリティ像が、性の多様性の尊重の名のもとに、一躍脚光を浴びるようになった年であるともいえよう。たとえば危険な存在、逸脱した存在、「性的」な存在としての性的マイノリティ像が根深く浸透していたのに対し、ポジティブな存在、日常生活をおくる存在としてのイメージが普及していくきっかけとして、これら一連の動きをひとまず評価することはできる。

とはいえすべての性的マイノリティがカップルとして暮らすことをのぞむ/できるわけではないし、企業で働く能力や資産をもっているわけではないこと、加えて性的マイノリティの抱える困難が単にパートナー生活や就労環境という領域にとどまるものだけではないことを考えても、この動きには限界があることがわかるだろう。

---

1) 本章では、非規範的な性的指向や性自認をもつ、あるいはそのように位置づけられる人びとを広く指すのに「性的マイノリティ」の語を用いる。「LGBT」という語が、しばしば「性的マイノリティ」すべてを指すものとして用いられているが、必ずしもこれらのカテゴリーにあてはまらない人がいることが理由である。
2) 渋谷区のいわゆる「同性パートナーシップ条例」や、世田谷区の「同性パートナーシップ宣誓」制度の施行、宝塚市、那覇市、伊賀市による同様の制度の導入方針の発表が挙げられる。また電通ダイバーシティ・ラボが、約7万人を対象にインターネット上で実施した「LGBT調査2015」の結果を発表。それによると、およそ7.6%が「LGBT層」であり、関連する市場規模は5.94兆円になるという〈http://www.dentsu.co.jp/news/release/2015/0423-004032.html(最終確認日:2017年4月29日)〉。

一連の動きは、性的マイノリティへの差別や偏見を生み出してきた異性愛規範的な社会制度や価値観の変革をはかるというよりは、むしろ主流社会との親和性をみせるものであり、性的マイノリティの人権を擁護し回復するというよりは、国力や経済力の発展に寄与する存在として活用するための下支えとしての側面をもつものであるという批判も多数提出されている[3]。

　本章では、このような近年の動きのなかで特に女性同士のカップルとその家族像がどのように表象されているのかについて検討する。取り上げるのは、『お母さん二人いてもいいかな！？――レズビアンのママ生活』(中村, 2015) と、『女どうしで子どもを産むことにしました』(東・増原, 2016) という2冊のエッセイコミックである。両作品ともLGBTコミュニティだけでなく、より広い読者層に対して、レズビアン・カップルの日常生活に焦点を当てて描いているのが特徴であるが、性的マイノリティをとりまく困難が何であるか、またそれがどのように解決されるべきかについては意見が分かれる部分もある。具体的な分析に入る前に、まずこれまでのレズビアンに対する一般的なイメージがどのようなものであったかを概観したい。

❷ レズビアンへのまなざしがもたらすジレンマ

✤ポルノ的なイメージの流通

　レズビアンをとりまくイメージのなかで今も根強く流通するものの一つが、ポルノ的なイメージである。レズビアンを単に「性的」な存在としてのみ描くものは単にポルノ作品だけではない。このイメージは主流文化やメディアのなかでも繰り返し提示され、広く影響を与え続けている。

---

[3] 川坂 (2015) を参照されたい。

たとえば溝口彰子によれば、日本映画のなかのレズビアンのイメージは、あくまでも女性同士の心理的なつながりを描いた「百合」と、レズビアンを単に女性とセックスする女性としてのみ存在させる「レズ」[4]という二つのジャンルに大別できるという（溝口, 2006）。これは、心理的・肉体的な親密さの両方を兼ね備えた関係性や、「レズビアンが共感できるレズビアン・キャラクター」（溝口, 2006：337）が描かれてこなかったということを意味している。

また週刊誌や女性誌などの「一般雑誌」[5]におけるレズビアンの表象に着目して調査を行った杉浦郁子によれば、1960年代から「肉欲的なレズビアン」というモチーフが登場するという（杉浦, 2006）。主な内容としては、バーなどの特定の空間だけでなく「日常的な空間」にも存在する女性たちが技巧を駆使したセックスを繰り広げているというもので、杉浦はこれを男性読者のポルノグラフィ的な関心にこたえるためのものであるとし、性行為やテクニックの記述を通じて、レズビアンが「ことさらにセクシュアルな存在」にされたと述べている（杉浦, 2006：501）。

それではこのようなイメージの流通は何をもたらすのか。カミングアウトしたレズビアンとして1990年代に積極的な発信を行った掛札悠子によれば、「レズビアン」という言葉で自らの「プライベートな一領域」を「肯定的」に表そうとしても、「ポルノグラフィを見る人の視線」にさらされ、「性的な部分だけしかない存在」とみなされることで、結果的に自らをレズビアンと認めることすらも困難になるという（掛札, 1992：10）。

---

4) 溝口も述べているが、この言葉は差別的なニュアンスをもって使用されてきた経緯がある。当事者があえてその侮蔑的な意味を引き受ける仕方で用いる場合もあるが、一般には「レズビアン」のほうが好ましいとされる。
5) 杉浦は「性風俗専門誌」と区別するためにこの語を用いている（杉浦, 2006：517）。

だが，問題はこのことだけにとどまらない。たとえば逆に，「性的」なイメージで描かれることを意識的に避けたとしよう。それは一方ではより規範的な女性としてレズビアンを位置づけることに成功するものの，女性を性的に受動的な立場とし，性的欲望をもつことを禁じてきたジェンダー規範を強化させることになる。よって女性から女性への性的欲望も結局は不可能なものとされてしまう。またもう一方では，異性愛女性との差異が不明確になり，結果としてレズビアンの存在がより不可視なものとなる。レズビアンとして生きるということには，このジレンマのなかで，自らを説明する言葉をつねに奪われ，取り返すという困難な作業がつきまとうことになる[6]。

❖男役・女役のイメージと異性愛規範

ポルノ的なイメージに加えて検討したいのは，男役・女役というイメージである。杉浦によれば「一般雑誌」にレズビアンの「男役」「女役」という言葉が登場したのは1966年のことであるが（杉浦，2006），現在もレズビアンに対して，より男性的／女性的な要素を見出そうとするまなざしは根強く存在している。もちろん当人が男役・女役という役割をのぞむ場合もあれば，そのときどきでのぞむあり方がどちらかの役割に見えるという場合もある。しかしながら，男女の役割を積極的に見出そうとするまなざしが「カップル＝男女」という異性愛規範的な前提によるものならば，固定観念や偏見を押しつけるものとなってしまう。

杉浦と同様に1960-70年代の週刊誌などの雑誌記事における「レズビアン夫婦」「レズ夫婦」や，その「結婚」生活の描かれ方について分析を行った赤枝香奈子も，「夫婦」のそれぞれがときに無理

---

[6]「レズビアン」というアイデンティティの引き受けの困難さや，またそれがもつ可能性については，堀江（2015）を参照されたい。

をしてでも男性／女性に振り分けられていると述べている（赤枝, 2015：20）。だが興味深いことに赤枝が調査した記事では，法的な婚姻手続きを行っていないことを理由に「結婚」と認めないというものはなく，それよりも重視されたのは生活の実態であったという。つまり内実としての「女性同士の結婚」がこれまでまったくなかったというわけではなく，「フェミニンな」あるいは「女役」的な女性同士の結婚というものが不可能であったのだと赤枝は述べる（赤枝, 2015：22）。これはカップルが男女（的）でなくてはならないという固定観念によって抹消されてしまうイメージの一つである。それでは「フェミニンな」女性同士のカップル像をより積極的に流通させればこの問題は解決するだろうか。

近年特に互いにウエディングドレスや白無垢などを着て「結婚式」にのぞむレズビアン・カップルのイメージが，メディアやLGBT向けブライダル広告でひんぱんに取り上げられるようになっている。これは一見よろこばしい変化のように思われる。だが赤枝はここでの「〈女性性〉の強調」に注意を促す。つまり女性に対する「女は女らしく」というジェンダー規範や美醜の判断が，このイメージの流通の背景で強く作用しているのだ。赤枝は，このイメージの流通が「多様なレズビアン像というのを消去するような効果」をもっているのではないかと指摘している（赤枝, 2015：22）。

図 12-1 「フェミニンな」カップルの結婚式のイメージ[7]

---

7) ホテルグランヴィア京都 HP より〈http://www.granviakyoto.com/rooms/special/2016/12/hotel-granvia-kyoto-creates-spectacular-gay-weddings.html（最終確認日：2018 年 1 月 23 日）〉

ここでもレズビアンの表象をめぐるジレンマが立ち上がる。男役・女役とみなされるようなあり方，より女同士とみなされるあり方，どちらをとっても異性愛規範とジェンダー規範に基づいたまなざしが向けられ，あるいはそれらを強化させてしまうことは避けがたい。加えて両方がより男性的なカップルの主流メディアへの登場が少ないことにも注意したい。女性同士のカップルにとってモデルとなる選択肢が限られているという状況は，性の多様性の尊重に近づくものだといえるだろうか。

3 同性カップルと「わかりやすい」幸せ

❖異性カップルと同性カップルの格差

　2016年に出版された『女どうしで子どもを産むことにしました』（東・増原, 2016）では，レズビアンを自認する女性カップルの日常の出来事に焦点が当てられており，「性的」な要素はきわめてわずかである。ここにポルノ的な期待が介入する余地はないが，レズビアンであること特有の困難が強調されるため，異性愛者との差異がなくなるということもない。同様の困難を感じる者にとっては「共感」のできる作品となり，カップル生活を営む／予定している読者には，最新のモデルケースともなりうることが特徴である。

　東と増原は結婚式を挙げ，渋谷区の同性パートナーシップ証明を取得している。だが東は「これ以上のこと望まないってくらい幸せ」（東・増原, 2016：22）であるものの，何かが欠けていると考えている。それは子どもの存在である。毎日食事を共にし，同じベッドで眠る，「そしたら自然と子どもがほしい」（東・増原, 2016：24；強調は筆者による）のだと，増原が東に訴えたことをきっかけに「妊活」が始まる。同性であるために病院での人工授精ができないこと，精子提供者が見つからないこと，同性の親が子をもつことへの差別発言にさらさ

れることなど，二人は次々と困難に直面していくことになる。

このような苦難の連続は，異性カップルに認められているさまざまな権利や保障が，同性のカップルには認められていないことが原因であると，作品全体を通じて繰り返し確認される。そして途中に設けられたコラムではその解決策として，同性婚の法制化の必要性が主張され，異性カップルにしかできないことを「誰もができること」にしたい（東・増原, 2016：87）と書かれている。

✣「みんな」が認める「幸せ」のかたち

ここで着目したいのはこの作品における「幸せ」の内実である。二人はある程度の「幸せ」を達成しているが，さらに子どもの誕生によって「みんなに祝福されて幸せな私たち」（東・増原, 2016：130）というビジョンがあり，それを実現しようと努力している。

先述したように，この作品ではカップルで暮らすことの延長には「自然と」子どもが存在すると語られる。これは近代的な家族規範との親和性を印象づけるものであり，ここでの「幸せ」も「みんなに祝福されて」とあるように，そのような価値観を共有する「みんな」がそれと認める「幸せ」だと読むことができる。また，性的マイノリティをめぐる困難のなかでも異性カップルとの格差を中心的に取り上げ，解決策として同性婚を提示するという戦略も，婚姻とそれによる家族の形成を規範的で理想的なライフコースとする，主流の価値観への近接や類似をみせるものである。

これらの点において，この作品は性的マイノリティの困難とその解決策をよりわかりやすく提示するものであり，主流社会からの共感や支持を引き出すポテンシャルをもつものだといえるだろう。だが規範的な家族観こそが性的マイノリティを逸脱的，病的なものとし，社会的な不利益や排除を強いてきたということを見落とすわけにはいかない。加えて「幸せ」という概念自体にも注意が必要である。

「幸せ」がいかに異性愛中心主義的な価値観と分かちがたく結びついて成立しているかを論じたサラ・アーメッドは，カミングアウトできる環境の構築，パートナーシップ制度や婚姻制度といった承認のしかたはあくまでも「条件的」なものにすぎないと述べ，性的マイノリティがこの承認を得るためには，「幸せ」へののぞみを，異性愛規範に沿って「正しい位置」に配置する「正しい種類」のマイノリティになることが要求されると指摘している（Ahmed, 2010：6）。言い換えれば，多様な生／性のあり方が無条件に尊重されるというよりは，むしろ規範的な「幸せ」のあり方への同化が求められることになるのだ。またこの承認は単に「幸せ」へのアクセスを用意するだけにすぎず，その他方では性的マイノリティに対する差別や暴力が変わらず継続していくということにアーメッドは警戒を促している。

　つまり，プライベートな関係という点での同性カップルの差別的待遇が解消されたとしてもそれは性的マイノリティの困難の全般を解決するものではなく，規範的な価値観が力をもつかぎり，その他の局面では多くの問題が残ることに注意が必要だ。そのような状況では性的マイノリティのなかの格差も拡大し，わ・か・り・や・す・い・ニーズを訴える人びとがより可視化され，生きにくさの解消に近づいていく一方で，そうではない人びとが不可視なままに取り残されてしまうのだ。

❹　ハッピーエンドを拒むという選択

❖規範的な制度への懐疑と異議申し立て

　『お母さん二人いてもいいかな！？』では，中村は「妻」のサツキと，サツキの出産した三人の子どもと暮らし，さらにサツキも公認の中村の「彼女」ますみも家に出入りしている。中村・サツキ・

図12-2 『お母さん二人いてもいいかな！?』(中村, 2015)

ますみの関係性は単に一対一のモノガミー関係にはとどまらない。また「性的」な要素を排除せずに，女性同士のセックスやその特性について語るのも特徴である。だがときにそれを笑いの対象にすることでポルノ的な関心への批判を示しつつ，他方ではそれも自分たちにとって重要なものであると位置づけることで，あえて「性的」であることのスティグマを引き受けてもいる。「正しい種類」の性的マイノリティになろうとするのではなく，性の規範や，主流の価値観が要求するものとは距離を置こうとする姿勢が，この作品の特徴の一つとなっている。

たとえば中村は同性婚については「大賛成」と述べつつも慎重な態度をとっており，現行の婚姻制度にまつわる問題点として，(1) 重婚を禁止していること（サッキ，ますみのどちらかが排除される），(2) 婚外子差別の原因であること（三人の子はいずれも婚外子である），(3) 独身者の生活の安定よりもカップル単位での保障が優先されることを指摘し，それらの差別を温存したままの「同性婚のお祭りには乗りません」と断言する（中村, 2015：174-175）。加えてその直後に同様の指摘がサッキの口からも発せられることで，主張の強度と説得力が増している。

中村のカップル生活のあり方（非モノガミー）や，政治的な立場（婚姻制度への懐疑）は既存の制度からの距離をもつものであり，その立場から規範的な価値観への批判を投げかけていることが重要である。この態度は作品における「幸せ」のあり方にも表れている。

❖わかりにくい「幸せ」のかたち

　産後うつになったサツキを支えながら主体的に育児に携わる中村は，三人の子どもたちと良好な関係を築いている。しかし読者は長男の妊娠のきっかけがレイプであり，サツキが今もなお被害のトラウマに苦しんでいるのを知ることになる。長男と暮らす生活の「幸せ」がレイプ被害によるものだと苦悩するサツキに対して，中村はその二つを切り分けようと説得する。子どもと暮らす「幸せ」は「サツキさんが育てた幸せ」（中村，2015：161）なのだと。

　『お母さん二人いてもいいかな！？』における子どもの存在は，単に「みんな」に「幸せ」と認められる状態を約束するものではない。むしろ作品を通じて，子どもは自分自身の意志をもち，場合によっては親の自由や権利を制限する存在として位置づけられており，ときに互いの希望がぶつかるなかで話し合いや交渉をすることの重要性がたびたび主張される。以上を踏まえれば，「幸せ」を育てることとは性暴力被害の記憶と闘いながら，そのような折衝を重ねていくという困難に満ちた道のりだということになるが，その道を一歩ずつたどるプロセスこそがこの作品における「幸せ」なのだと読むことができる。

　つまりこの作品では困難の解決としての同性婚や，子どもを産むことでもたらされる「幸せ」な未来といった，わかりやすいハッピーエンドは想定されていないのだ。これは，異性愛規範的な「幸せ」の体制に回収されることを拒むものであると同時に，パートナーシップの承認や同性カップルへのスティグマを少なくすること〈だけ〉では性的マイノリティが抱える複合的な困難は解決されないことを示すものである。そして単に異議申し立てにとどまらず，自分たちがそうと認める「幸せ」のかたちを描くことで，別の「幸せ」のあり方を積極的に提示しているのだ。

5 性的マイノリティをとりまく社会的・文化的状況

　これまでみてきたように、両作品はレズビアン・カップルの生活上の困難や試行錯誤という共通の主題を扱いつつも、『女どうしで子どもを産むことにしました』（東・増原, 2016）はより主流社会に寄り添う仕方で、『お母さん二人いてもいいかな！？』（中村, 2015）は異議を投げかけるかたちで、困難やその解決策を提示し、読者を説得しようと試みる。性的マイノリティをめぐる諸問題については、力点や優先順位がそれぞれ異なる立場が存在するのだ。

　だが両作品が描いているのは、あくまでも性的マイノリティをとりまく広範な状況の一端にすぎない。また、性的マイノリティといっても単に規範の性から逸脱することだけでなく、その他の、あるいはそれと絡む要素によって周縁の位置をとることを主流社会から強いられ、生存が困難なものとなっている状況があることにも注意しなくてはならない。いくつかの事例を知って満足するのではなく、どのような制度や価値観が性的マイノリティに困難をもたらしているのかを問い続ける必要がある。その作業を重ねていくことがさらなる議論のための重要な一歩となるだろう。

●ディスカッションのために
1　異性のカップルや夫婦が登場する作品を取り上げ、男らしさや女らしさ、男女の違いなどがどのように表現されているかを議論してみよう。
2　性的マイノリティの登場する作品を取り上げ、どのような描かれ方をしているか、性のあり方だけでなく、身体の状態や生活環境にも着目して議論してみよう。
3　カップルや家族を扱った作品のなかで、何が「幸せ」とされているか、「幸せ」のためには何が必要か、またその「幸せ」を可能にする条件を得られない人はどのような状況にあるのかを議論してみよう。

●引用・参考文献

赤枝香奈子(2015).「〈結婚〉の周辺にあるもの—女同士の親密性から考える」『応用倫理—理論と実践の架橋』*8*(別冊), 15-23.

掛札悠子(1992).『「レズビアン」である,ということ』河出書房新社

川坂和義(2015).「「人権」か「特権」か「恩恵」か？—日本におけるLGBTの権利」『現代思想』*43*(16), 86-95.

杉浦郁子(2006).「1970, 80年代の一般雑誌における「レズビアン」表象」矢島正見［編］『中央大学社会科学研究所研究叢書16　戦後日本女装・同性愛研究』中央大学出版部, pp.491-518.

中村キヨ(中村珍)(2015).『お母さん二人いてもいいかな！？—レズビアンのママ生活』KKベストセラーズ

東　小雪・増原裕子(2016).『女どうしで子どもを産むことにしました』KADOKAWA

堀江有里(2015).『レズビアン・アイデンティティーズ』洛北出版

溝口彰子(2006).「「百合」と「レズ」のはざまで—レズビアンから見た日本映画」斉藤綾子［編］『日本映画史叢書⑥　映画と身体／性』森話社, pp.313-343.

Ahmed, S. (2010). *The promise of happiness*. Durham and London: Duke University Press.

第13章

氾濫する英語のレトリック
記号化することばと世界

平野順也・青沼　智

『カドモスの家臣を殺す怪竜』[1]

　ギリシャ神話に登場するカドモスは，アルファベットをギリシャに伝えたとされる人物である。彼は都市を建設するため旅に出る。泉から現れた怪竜は彼の家臣を食い尽くすが，カドモスは勇敢に退治する。抜いた怪竜の牙を地面に撒くと，そこから多くの武装した兵士が生まれ，お互いへの不信感から殺し合いを始める。最後には5名が生き残り，カドモスがその地に建設した都市の住民となる（コットレル, 1999）。古代ギリシャ人にとって，カドモスは怪竜を退治した勇敢な戦士ではなく，都市の治世を可能にした統治者として称賛された。アルファベットが治世と関連づけて語られたのは必然であった。「アルファベットは権力と権威，それに，ある距離を置いて軍を統率する力を意味」（マクルーハン, 1987：84）し，カドモスの神話はそれを含意しているのだ。広告，衣服，教科書，公文書，学校名やテレビなど，ありとあらゆるところでアルファベットが使用されている。現代に生きる私たちは，カドモスの治世を世界中で目撃する。

1 ことばと人間

　ことばはときに民衆の討議による統治を可能にし、ときに遮蔽物として異なる事象を浮かび上がらせる。ことばは文化を形づくり、あらゆるものにさまざまな思想や価値を編み込んでいく。「言葉によって、人間は生まれ、また、世界は思考にとり入れられる。言葉は世界の存在と人間の存在と思惟の存在とを顕わにする」(ギュスドルフ, 1969：54) のである。

　アリストテレス (2001) は、人間はことばをもつ政治的な動物だと定義した。他の動物とは異なり、ことばを操る能力が内在する人間は知恵や徳を学び、他者と共同体を形づくることができるとしたのだった。ケネス・バーク (Burke, 1966) も同様に、人間はことばを操ることができる動物だと説明する。ことばを操る能力ゆえに、自らの意思や目的をもって活動することができるのだが、逆に人はそれに縛られることもある。ことばはコミュニケーションを実行するための単なる媒介物ではないのだ。

　かつての大英帝国による帝国主義的侵略以来、英語が世界中で使われるようになった。20世紀に入り、アメリカ合衆国の台頭に伴ってその使用頻度がさらに高まり、現在、唯一無二の「世界標準語」として定着したかのようだ。そのため、「強者」のことばである英語を操る能力が世界での成功を左右するかのような様相を呈している。英語の運用能力がなければ、情報や富を手に入れることが困難になり、英語習得のための学習を行わざるをえなくなる。またそれはことばだけの問題にとどまることなく、その文化が「神格化」す

---

1) ウィーン美術史美術館の HP ⟨https://shop.khm.at/en/shop/detail/?shop%5BshowItem%5D=100000000027300-1330-0&shop%5Bfilter%5D%5BtagsFacet%5D=（最終確認日：2016年8月10日）⟩ より。

ることをも意味する（津田, 2006）。使用する言語によって切り取られる世界がそれぞれ異なるため、「強者」のことばを使うということは、「強者」が見る現実を「弱者」が受け入れざるをえなくなるのだ。「世界標準語」としての英語の君臨は、英語圏の文化や価値ですら世界標準となることを含意しているのである。

本章では、こうした「強者」のことばの帝国主義的性質に着目し、英語に代表されるかつての「俗語」が強者のことばに成り代わり、支配的な地位を占めることを可能とした「標準化」や「記号化」というプロセスの問題を可視化する。そして記号化されたことばへの抵抗の糸口がどこにあるのかもあわせて検討する。

2 言語帝国主義と俗語のはざま

言語帝国主義は英語の専売特許ではない。というのも、歴史的にみれば、「特権的地位を維持している言語」（小林, 2006：ii）として、古代ローマの公用語[2]、すなわちラテン語の右に出るものはないからだ。日常的にはほとんど使われることがないものの、キリスト教のミサや公文書、さらには学術的な用語としてはいまだに使用され続けている。ローマ帝国が滅亡した後ですら、ラテン語の文化的権威は失われることがなかった。経典にラテン語を使用していたカトリック教会の影響もあり、消滅することなく宗教や教育の言語として存続することになったのがその要因だ。実際は非ラテン語を使用する諸族がラテン語を習得するのは非常に困難だったため、徐々に日常語の使用がラテン語の規範を乱すことになる。そして、この乱れゆえに新しいことばが生み出されることになったのである（田中,

---

[2] ここでの公用語とは広く一般的に使われている語ということではなく、当時、「特権階級」であった（ローマ）市民のことばという意味である。

1981)。しかしそれでもラテン語の威信はけっして失われることはなく，むしろ，それを習得する教養のある人びとと，それ以外の俗語を使用する人びととの文化的格差の拡大という結果をもたらすことになった。

このように，ローマの政治的影響力が消滅した後も，唯一無二の基準語たるラテン語を通じた文化支配構造が長く続いた。しかし，そうしたラテン語による支配構造に異を唱える者も現れる。その代表格としてあげられるのがダンテである。彼は 1300 年頃に『俗語論』をまとめ，俗語が古典ラテン語より優勢な言語であると論じた。ラテン語の規則は大衆にとって不自然だが，俗語は「発音と語彙とは雑多な形に分かれてはいるが，全世界の人間がつかっている」（ダンテ，1961：5）ことからもわかるように，多くの人にとって自然なことばであると主張する。たしかにラテン語を習得できるのは学者だけなのに対し，イタリアの俗語は大衆にとって自然と身につけられることばであった。さらに俗語は文法といった規則に拘束されず，規範の乱れや変化に順応し進化することもできる。彼にとってことばとは規則に縛られるだけのものではなく詩的であり，また特権階級だけのためにあるのではなく広く大衆のためにあるものなのだ。

このような支配的な「規範」言語に対する日常語という構図は，英語の台頭にも当てはまる。ルネサンス期，「特権的地位」にあるラテン語に対し，英語はブリテン島の日常語（もしくは俗語）だと考えられていた。もちろん，ここでも日常語は大衆のことばであり，ラテン語は学者をはじめとした上流階級に属する教養のある人びとの言語だった。アリストテレスの著作もラテン語や他のラテン語系統の言語に翻訳されたものが読まれていただけだった。ただし，ラテン語を知らない弁護士や政治家といった討議を職業とする人びとを対象とした書物には，英語のものも一部存在した（Sgarbi, 2013）。たとえば，1584 年出版の議論の指南書（Ralph Leaver, *The Arte of*

Reason, Rightly Termed, Witcraft, Teaching a Perfect Way to Argue and Dispute）には，グレコ・ローマンの論理学が英語でまとめられており，さらに興味深いことに，論理的に考え議論するためには大衆が理解できるような簡潔で理解しやすい言語が不可欠であり，英語こそがその言語であることも強く主張されている。ラテン語を唯一無二の教養語とし，ラテン語帝国主義を維持せんとする思想の拠り所の一つが，（英語のような）日常語・俗語は討議・議論といったロジカル（logical）なコミュニケーションには不向きという「神話」であり，それに対する挑戦がここにはあった[3]。

　現在，英語が神格化され，文化帝国主義的な様相を帯びていることと，かつての大英帝国による帝国主義的侵略とは，無論，無関係ではありえない。しかし同時に，ラテン語と異なるこのような英語の「出自」についても考慮すべきではないだろうか。英語は，ラテン語のようにローマ以来の学術や宗教といった確固とした規則性に拘束された言語ではなく，もともとは島国の人びとの俗語すなわち「大衆言語」なのだ。そしてその言語としてのわかりやすさ・とっつきやすさや柔軟性が，英語の標準語としての「成り上がり」やグローバル言語としての浸透をさらに推し進めたという見方も可能だ。つまり，扉で紹介したアルファベットのように，英語がもつ，簡潔で大衆向けであるという性質が，ラテン語以上に急速かつ広範囲に「標準語」として世界中に流布したことの背景にあったという見方もあながち的外れではないだろう。ラテン語帝国主義が「規範」による支配ならば，英語のそれは「簡潔性」もしくは「大衆性」によるものなのだ。

3）ちなみに同書では，論理的なコミュニケーションは英語でも可能であることを示すため，論理（的思考）という概念にラテン語起源の logic という単語を使わず，witcraft という造語をあてている。

3 ベーシック・イングリッシュという「記号」

　H. G. ウェルズは『タイムマシン』のなかで，西暦80万2701年を平和や秩序が訪れたことによって好奇心が欠如し，「知性が自殺してしまった」（ウェルズ，2000：150）世界として描いている。安全や財産が約束され，すべての問題が解決された完璧な世界で人類は退化してしまう。議論や真剣な会話をしようとはしない未来の人類は，物の名前，動詞，そして限られた数の形容詞と抽象的な言葉しかもたない単純な言語を使用している。もちろん，その世界には「俗語」など存在しない。

　『タイムマシン』でウェルズはこの言語に名を与えることはなかった。ただ未来の予言を記した『世界はこうなる』（1995）では，その言語を「ベーシック・イングリッシュ」と名づけている。ウェルズによれば，ベーシック・イングリッシュは非常にシンプルで適応性に優れた言語であり，21世紀に急速に世界中に広まっていくとされている。そして，文学者が使用する「規範的」な英語が変貌したものではあるものの，多言語の話し方や語彙に適応し，綴りや発音もより簡単になるという変化を経て形作られたベーシック・イングリッシュは，なるべくして世界言語になるだろうと彼は強調する。

図13-1　『タイムマシン』
(Classics Illustrated Comics,
(2015年発行) の表紙)

　いまや日本では，広告やテレビ，インターネットで流される情報だけでなく，あらゆる名称──建築物（「〜スカイツリー」）や政党名（「〜ファースト」），公文書（「〜プロジェクト」）など──に英語が多用されている。ただし，これらのすべてが英語母語話者による文

化支配，すなわち英語帝国主義の表れとは言い難いのもまた事実だ。というのも，使用されている英語の多くは，本章の冒頭で触れたような，価値や思想，イデオロギーに満ち，その意味が人びとの心や身体を動かすことばではなく，ウェルズが描いた未来の言語のような存在でしかないと考えざるをえないからだ。いわゆるカタカナ英語の類も含めた，巷に蔓延する英語のすべてが，かつての大英帝国をはじめとする英語話者国家の帝国主義的性質を兼ね備えた強靭な「標準語イデオロギー」と結びついていると考えるのは短絡的すぎるだろう。

　実際，私たちの生活に溢れている英語（と称される記号）は，ウェルズのいうベーシック・イングリッシュと大差のないものかもしれない。たとえば2017年に，ある自治体の職員グループが作成した，胸に「HOGO NAMENNA」というローマ字綴りのロゴ，背中には生活保護受給者を揶揄する英単語が並べられた揃いのジャンパーがマスメディアで取り上げられた。無論，福祉行政に携わる者がそのようなジャンパーを着用していたことは許しがたいが，同時に，そのジャンパー着用が10年も続いていたにもかかわらず，彼ら・彼女らの上司は「内容までは気がつかなかった」と言い，実際に着ていた職員本人たちも「プリントの文字はデザインと思い，意味は意識していなかった」[4]とコメントしていることはコミュニケーション論的見地から非常に興味深い。職員たちや上司にとって，ジャンパーにプリントされた単語やアルファベットは文化帝国主義の権化ではない。それらは特定の思想や価値を内包し，神格化された英語話者＝強者のことばではなく，空虚な記号に他ならないからだ。さらにそれが記号であるがゆえに，そのジャンパーの着用が，自分た

4）https://www.j-cast.com/tv/2017/01/18288330.html（最終確認日：2017年12月31日）

ち（＝生活保護受給についてある一定の判断をする立場にある地方公務員）がもつ（公）権力を笠に着た強圧的なコミュニケーションであるという意識が希薄なのである。

　近代化・西欧化という明治政府の方針の下，日本における英語の受容が強者（イギリス，アメリカ）の言語（世界標準語）の習得として，いわば「長いものには巻かれろ」的に始まったことを問題視することは必要かもしれない。ただし，それと 21 世紀の日本で私たちが経験する記号としての英語の蔓延の問題とを同一視することはできないだろう。この「HOGO NAMENNA」の事例や巷に溢れる英語（場違い・不必要な英語の使用，英単語の乱用，カタカナ英語のインフレーションなど）の問題において私たちが批判的にみるべきは，もはや英語帝国主義ではなく記号化された言語の得体の知れない力なのではないだろうか。つまり，「英語よりも，まず正しい日本語を！」といった旧態依然の論理を振りかざすことでは解決不可能なコミュニケーションの問題がここにあるのだ。

❹　言語の標準化・記号化と抵抗のことば

　記号で溢れる世界に対し私たちがすべきことは，ことばでもって「規範を乱し」，「汚染」し，「雑多」にすることではないだろうか。そこでは，コミュニケーションの結果（効果，目的達成度など）のみに拘泥するのではなく，そのプロセスにおける遊びやあいまいさを楽しむといった態度が重要になる。私たちはただ記号に翻弄されるだけの存在ではなく，記号をことばとして用いる能力が備わっている。そしてその能力を使い，記号に思想や価値を編み入れ，意味を生成し文化を形づくることが求められているのだ。古代ギリシャ・アテナイのイソクラテスが，自らが教授するレトリック（実践的なことばの技術体系）を「哲学」と呼んだゆえんはそこにあるの

ではないだろうか（Livingstone, 2007）。

　つまり，あることばが簡略化・標準化・記号化されること自体は，必ずしも絶対悪ではない。というのも，それは言語の普及，より具体的には特権的な地位にあった言語が「下野」し，それが日常言語として使われるようになる際の必然であろう。さらに，そのように記号と化したことばは，大衆のことばとして使われることによりいわば息を吹き返し，それが本来もっていたコミュニケーション力を発揮することも十分可能なのである。

　そのような，記号としてのことばの特徴は，短文の投稿をインターネット上で行うTwitterに強く表れているのではないだろうか。毎月積極的にTwitterを利用する人の数は世界で3億人以上，投稿される短文の1日の平均は5億件にものぼる[5]。そしていまや一人の人物が短時間に連続して短文を投稿したり，多くの人びとが一つの話題に対して関連する投稿を一斉に行うといったことが，毎日のように起こっている。こうした過度のツイッター投稿を指すtweetstorm（呟き，もしくは投稿の嵐）という造語すらつくられた。毎日，5億もの短文が発信される。こうした他愛もないつぶやきは，便箋に手書きでしたためる手紙のごとく，深み・重みのあることばを一つひとつ丹念に積み上げたメッセージのやりとりというよりも，むしろ，10本の指を使い，平仮名・片仮名・漢字・アルファベットといった記号をモールス信号のごとく打電しているといったほうがよいかもしれない。

　今では総理大臣や大統領であってもTwitterを活用し，情報を短文で発信し続ける。トランプ米国大統領が，自身のTwitterで北朝鮮の金正恩労働党委員長を「ロケットマン」と茶化したり，逆に「年

---

5) https://www.omnicoreagency.com/twitter-statistics/（最終確認日：2017年7月11日）

寄」と呼ばれたことについての愚痴のような内容を連日投稿していることがニュースとして話題になったが，政治の場で真剣に議論しなければならないことが，まるで井戸端会議でのやりとりの応酬になってしまっているかのようだ。

　はたして，こういった類の簡潔かつ軽妙な投稿，そしてそのやりとりがTwitterというSNS本来の使い方の象徴なのだろうか。Twitterの最高責任者であるジャック・ドーシーは，そもそもTwitterの140字という字数制限は携帯のショート・メッセージ・サービスに合わせて設けられたものであるが，その制限にこそTwitterの美学があると説く[6]。字数制限があるからこそ，人は創造力や簡潔さ，速さを追い求めようとするのだと彼はいう。そして，Twitterは世界中の人びとが気軽に参加できる快活な会話なのだと主張する。

　また，Twitterは「関心」によって誰かとつながるツールであるとドーシーは言う[7]。関心をもって使うことで，「面白い人たちと出会うことができ」，「彼らと会話することもあれば，ただフォローする場合」もあるとする。そしてその際に重要なのが，Twitterの匿名性で，匿名だからこそ自由に話せるし，「自分の正体がばれるのが怖くて発言できなかったり，その発言のせいで，政府から処分を受ける人も使うこと」ができるのだと言う。そして彼は次のように述べる。

> これまで「アラブの春」などでは，人々が，その正体を知られることなく，匿名で政府やリーダーに対して疑問を投げたり，

---

6) http://fortune.com/2016/09/19/twitter-140/ （最終確認日：2017年7月11日）
7) https://www.nhk.or.jp/gendai/articles/4067/ （最終確認日：2017年12月31日）

> デモを行いました。匿名性はツイッターのユーザーにとっては，とても重要なことです。「ツイッターはこういう風にしか使えません」と制限したくありません。どんな意見に対しても開かれた場であり，どう使うかはユーザーに任せたい。

　実際,「アラブの春」に限らず,「オキュパイ」や日本での「3・11」以降の「脱原発」や「安保法制反対」運動が一定の力を発揮したのは，TwitterをはじめとするSNSがあったからこそである。パソコンのモニターやスマホの液晶画面上での出来事とその外部に存在する市民たちの行動の連携に重要な役割を果たしたのは，他でもない，ワンタップやワンクリックによる「リツイート」や「拡散」であった。電鍵を巧みに操る通信士の熟達は，モールス符号による血の通ったメッセージのやりとりを可能にする。同様に，SNS上で交わされる平仮名・片仮名・漢字・アルファベットは，そのすべてが単なる記号ではないのだ。つまり，ことばの記号化の権化たるTwitterですら，さまざまな人・もの・ことを結びつけるコミュニカティブな力をもつことばの場＝メディアとなりうることが示されたのだ。

5　世界の脱記号化とレトリックの復興

　2016年Google DeepMindが開発した囲碁AI（AlphaGo），そして日本で誕生したコンピュータ将棋ソフトウェア（ponanza）が，それぞれプロの棋士を破った。そして多くの新聞やテレビといったメディアは，人間が人工知能（AI）に追い越されたとの報道で危機感を煽った。たしかにそうした報道を鵜呑みにすると，ベーシック・イングリッシュのような簡易なコマンドと記号を組み合わせたプログラム言語により設計されたAIに私たちが支配される，つまり記

図 13-2　ponanza と対戦する佐藤名人
　　　　（2017 月 5 月 20 日）[8]

号による世界の統治が進んでいくかのように思えてくる。結局，囲碁や将棋をやることすら無駄になったかのようだ。ところが現実にはそうはなっていない。むしろ中学生の最年少プロ藤井聡太四段の登場や羽生善治が永世七冠を達成したことにより，将棋に興味をもつ人たちは増えているようである。

　前述の羽生はAIには「ものすごく難しいこともできるけれども，ものすごく簡単なこともできない」という側面があるという[9]。たとえば，相手にうまく負けて喜ばせてあげる「接待将棋」はできない。相手がどのくらいのレベルかを判断し，何を期待しているのかを瞬時に理解しなければならず，そこでは勝ち負け以上の関係性の機微が求められる。AIはそうしたことが苦手なのだ。

　いうまでもないが，将棋盤のマス数，駒の種類・数や各々に許された動きなど，将棋のルールは原則全世界共通である。すべてが標準化され記号化さているといってもよいだろう。そのことは，プロ棋士をはじめとする，将棋という「遊び」を楽しむすべての人びとの思考・価値・行動の画一化をけっして要求はしないし，おそらくそれをもたらすこともないだろう。無論，将棋には「定跡」（囲碁では「定石」）がある。棋士が自分の裁量で各駒の動き（たとえば「王将」はすべての方向に一コマづつ）に独自の個性をもたせることなどは許されないし，Twitter同様，そのような制限や通例があるから

---

8) https://mainichi.jp/articles/20170521/k00/00m/040/024000c（最終確認日：2017年7月9日）
9) 同上。

こそ，プロ棋士にはプロの巧，たとえば自由な思考や戦略また創造力などが求められるのではないだろうか。そしてそれは，古代ギリシャ・ローマから引き継いだレトリックが，単なる言語使用に関する規則の羅列ではなく，英語であれ，また日本語であれ，記号化された言語を生きたことばに変える実践技術の体系であることを私たちは再確認する必要があるだろう。

●ディスカッションのために
1 英語（片仮名）の名称にされることにより，日本語で指す内容が不明確になってしまっている例をあげ，それでもなぜ英語（片仮名）の名称にこだわるのかを考えてみよう。
2 大衆を魅了するために記号化が進み，簡潔かつ稚拙な英語が使用されている例をあげ，なぜそのような英語が好まれるのか理由を分析してみよう。
3 高度な言語運用能力がかえって障害だと考えられる例をあげ，なぜそう考えられるのかを分析してみよう。

●引用・参考文献
アリストテレス／牛田徳子［訳］(2001).『政治学』京都大学学術出版会
一般財団法人グローバル人材開発 (2011).『1500語で通じる非ネイティブ英語グロービッシュ入門』中経出版
ウェルズ, H. G.／吉岡義二［訳］(1995).『世界はこうなる』明徳出版社
ウェルズ, H. G.／金原瑞人［訳］(2000).『タイムマシン』岩波書店
ギュスドルフ, G.／笹谷 満・入江和也［訳］(1969).『言葉』みすず書房
コットレル, A.／松村一男・蔵持不三也・米原まり子［訳］(1999).『世界の神話百科—ギリシア・ローマ／ケルト／北欧』原書房
小林 標 (2006).『ラテン語の世界—ローマが残した無限の遺産』中央公論新社
田中克彦 (1981).『ことばと国家』岩波書店
ダンテ／黒田正利［訳］(1961).『俗語論』『世界大思想全集—哲学・文芸思想篇4』河出書房新社, pp.1-53.
津田幸男 (2006).『英語支配とことばの平等—英語が標準語でいいのか？』慶應義塾大学出版会

マクルーハン, M.／栗原　裕・河本仲聖［訳］(1987).『メディア論―人間の拡張の諸相』みすず書房

Burke, K. (1966). *Language as symbolic action: Essays on life, literature and method*. Berkeley, LA: University of California Press.

Livingstone, N. (2007). Writing politics: Isocrates' rhetoric of philosophy. *Rhetorica: A Journal of the History of Rhetoric, 25*, 15–34.

Sgarbi, M. (2013). Ralph Lever's art of reason, rightly termed witcraft (1573). *Bruniana & Campanelliana, 19*, 149–163.

事項索引

A-Z
Instagram　113-115
LGBT　150
SNS　173
Twitter　172

あ行
アスクリプション　80

異性愛規範　153
異性愛／健常主義　140
インクルージョン　138
インペアメント　145

英語　167
エロキューショナリー・ムーブメント　34, 35
演技　32
演説　51, 53

オーラル・コミュニケーション　49
オマージュ　75
オムニチャンネル　102
オリンピア　36

か行
感動ポルノ　143

記憶　86, 87, 89
記憶術　86
記号化　165
規範　20

──言語　166
異性愛──　153
近代的な家族──　156
ジェンダー──　153, 154
旧修辞学　19, 47
饗宴　38

クールジャパン　7

劇画　4
言語帝国主義　165
言語の標準化・記号化　165, 171
健常主義／能力至上主義　144

公害　9, 10
高級文化　7
広告　101, 102, 108
国民的主体化　126
ことば　18, 21, 22, 164, 166, 171
コノテーション　129
コミュニケーション　5, 6
オーラル・──　49
婚姻制度　158

さ行
サンプリング　75

ジェンダー規範　153, 154

自己のステレオタイプ的表象　133
修辞　20, 108
障害の社会モデル　145
消費のスター　104
人工知能（AI）　173
身体　30
神話概念　128
神話作用　117

スーパーヒューマン　141, 142, 144
ステレオタイプ　129
ステレオタイプ的表象
自己の──　133
他者の──　126, 130, 131

性的マイノリティ　150
説得　5, 100

想起の外部化　87, 89
俗語　166

た行
ダイバーシティ　136
──・マネジメント　138
他者のステレオタイプ的表象　126, 130, 131
多様性条例　136

地球村　17

低級文化 7
ディスアビリティ 145
ディベート 48, 49, 112
適者生存 144
デノテーション 129
デモクラシー 18, 49
伝統文化 6

同一化 100
同性パートナーシップ
　証明 136

な行
二次的な声の文化 53, 87
日常語 166

ネオリベラリズム体制 144

は行
配置 20
パスティーシュ 75
発想 20
パフォーマー 82
パブリック・スピーキング 20
パロディ 75

ヒナギク 60, 61
表出 31, 32
標準語イデオロギー 169

フェティシズム 132
フォーディズム体制 139
フォレンジックス 48
服制 37
ブリコラージュ 75
フレキシビリティ 139, 140
プレゼンテーション 20
プロパガンダ 59, 60
　新しい―― 63
文化 6, 7
　――帝国主義 167
　高級―― 7
　低級―― 7
　伝統―― 6

ベーシック・イングリッシュ 168

法廷弁論 19
ポピュラー・カルチャー 74, 81
ポピュラー・ミュージック 77

ま行
マス・カルチャー 75
マンガ 6, 13

民会 19
民衆 62

メディアによる人間拡張 16, 87

物語化 124

や行
ユニフォーム 36
百合 152

世論 62
輿論 62

ら行
ラテン語 165

リア充 117

ルネサンス 48

レズビアン 151-155
レトリック 5, 46, 100, 113, 120, 170, 175
　――のカノン 20, 47, 86
　説得としての―― 100
　デジタル・―― 112
　同一化の―― 101

わ行
話芸 46

人名索引

A-Z

Ansolabehere, S. *61*

Billig, M. *113*
Bizzell, P. *35*

Charland, M. *120*
Cheney, G. *113*
Cox, J. R. *49*

Enos, R. L. *47*
Eyman, D. *112*

Garland-Thomson, R. *142*
Gonzalez, A. *80*
Grant, C. B. *21*

Herzberg, B. *35*
Hoffman, K. S. *67*

Ishii, S. *46*
Iyengar, S. *61*

Jamieson, K. H. *53*
Jasinski, J. *113*

King, A. *81*

Leaver, R. *166*
Lewis, L. A. *77*
Livingstone, N. *171*

Makay, J. J. *80*

McGee, M. C. *88*
McRuer, R. *140, 141*
Morrison, J. L. *46*

Olbrechts-Tyteca, L. *48*
Ong, W. J. *53*
Ono, K. A. *75*
Onojima, D. *53*

Perelman, C. *48*

Schiappa, E. *22*
Sellnow, D. D. *80*
Sellnow, N. *80*
Sgarbi, M. *166*
Sloop, J. M. *75*

Tajima, N. *49*
Taylor, C. *89*
Toulmin, S. *48*

Willard, C. A. *49*
Williams, J. D. *48*
Wright, A. *30, 113*

Yates, F. A. *86*

Zappen, J. P. *112*

あ行

アーメッド（Ahmed, S.） *137, 138, 157*
赤枝香奈子 *153, 154*

アリストテレス *18, 32, 164, 166*
アロンソン, E. *59, 63*

池田功 *72*
石田昌孝 *76*
イソクラテス *170*

ウィリアムズ, R. *7*
ウェルズ, H. G. *168, 169*

遠藤周作 *31, 32*

逢坂厳 *33*
オースティン（Austin, G.） *34*
大橋昭夫 *94*
尾関周二 *21*
小野耕世 *105*
オルテガ・イ・ガセット, J. *38*

か行

カーペンター, E. *17*
掛札悠子 *152*
葭山洋介 *19*

キース（Keith, W. M.） *112, 120*
キケロ *32*
ギュスドルフ, G. *164*

草柳大蔵 *94*

コットレル, A. *163*
後藤吉彦 *31*
小林 標 *165*
児山正史 *37*

さ行
サイード, E. *6*
斉藤和義 *79, 80*
斎藤隆夫 *93, 94*
サットン (Sutton, J.) *22, 31*
佐藤信夫 *50, 51*

シーグフリード, A. *86*
ジジェク, S. *133*
島田雅彦 *91*
下村直樹 *101*
ジョンソン, L. *60, 61*
新村 出 *62*

杉浦郁子 *152, 153*
スコット=ヘロン (Scott-Heron, G.) *90*
スナイダー (Snyder, S. L.) *142, 144, 145*

関山和夫 *46*
セルトー, M. de *120*

た行
高橋源一郎 *51, 52*
多木浩二 *36, 37*
武田雅俊 *86*
田中克彦 *166*
谷所由紀子 *64*

ダンテ, A. *166*

チャン・デュク・タオ *21*

津田幸男 *165*
常松 洋 *102*

ドーシー, J. *172*
ドゥボール, G. *104*
TOSHI *22, 23*
ドルフマン, A. *105, 106, 108*

な行
中村キヨ *151, 157-160*
中村とうよう *77*
中村雅章 *102*

ニクソン, R. *33*
西城戸誠 *89*

野宮大志朗 *89*

は行
ハーヴェイ, D. *139*
バーク (Burke, K.) *22, 67, 100, 113, 164*
長谷部健 *136, 138*
波多野完治 *50, 51*
バトラー (Butler, J.) *81, 82*
羽生善治 *174*
バルト, R. *19, 117, 118, 120, 128, 129*
PANTA *22, 23, 25, 78*

東 小雪 *151, 155, 156, 160*
ヒトラー, A. *36, 59, 60, 67*

フィスク, J. *75*
フォス (Foss, S. K.) *113*
藤木悦子 *37, 38*
フックス, E. *57*
ブッシュ (Bush, J. W.) *58, 66*
ブライアント (Bryant, D.) *22*
プラトカニス, A. *59, 63*
ブルック (Brooke, K.) *112*
フロイト, S. *132*

ボードリヤール, J. *38, 103, 104*
ホール (Hall, S.) *128, 129, 131-133*
星加良司 *145*
星 浩 *33*
ボッチ, A. *99*
ホバマン, J. *130, 131*
ボルツ, N. *106*

ま行
マーク・アントニー *94*
マーティン, E. *139, 140, 144*
マキャベリ, N. *33, 34*
マクルハーン, M. *16,*

17, 25, 163
増原裕子　151, 155, 156, 160
松本健太郎　87
マトゥラール, A.　105, 106, 108
マリンズ（Mullins, A.）　142-144

水谷　修　47
溝口彰子　152
ミッチェル（Mitchell, D. T.）　142, 144, 145

宮崎拓也　72
宮武外骨　52
ミュンツェンベルク, W.　60

ムーア, J.　101

や行
山中千恵　7
山本敦久　130

横山　健　52, 53, 79
吉野孝雄　52

吉見俊哉　8
吉村和真　4

ら行
ランシエール, J.　108

リップマン, W.　62

レブホーン（Rebhorn, W.）　33, 99

わ行
渡辺　誠　26

執筆者紹介（* は編者）

池田理知子 *（いけだ りちこ）
福岡女学院大学人文学部メディア・コミュニケーション学科教授
担当章：第1章

青沼　智 *（あおぬま さとる）
国際基督教大学教養学部教授
担当章：第2・4・6・7・13章

平野順也 *（ひらの じゅんや）
熊本大学文学部コミュニケーション情報学科准教授
担当章：第3・5・8・13章

田島慎朗（たじま のりあき）
神田外語大学外国語学部国際コミュニケーション学科准教授
担当章：第9章

有元　健（ありもと たけし）
国際基督教大学教養学部アーツ・サイエンス学科上級准教授
担当章：第10章

井芹真紀子（いせり まきこ）
東京大学教養学部特任助教
担当章：第11章

佐々木裕子（ささき ゆうこ）
東京大学大学院総合文化研究科博士後期課程（執筆当時）
担当章：第12章

[シリーズ] メディアの未来❿
メディア・レトリック論
文化・政治・コミュニケーション

2018 年 4 月 30 日	初版第 1 刷発行
2021 年 8 月 30 日	初版第 2 刷発行

編　者　青沼　智
　　　　池田理知子
　　　　平野順也
発行者　中西　良
発行所　株式会社ナカニシヤ出版
〒606-8161　京都市左京区一乗寺木ノ本町 15 番地
　　　　　　　Telephone　075-723-0111
　　　　　　　Facsimile　075-723-0095
　　　Website　http://www.nakanishiya.co.jp/
　　　Email　iihon-ippai@nakanishiya.co.jp
　　　　　　　郵便振替　01030-0-13128

印刷・製本＝ファインワークス／装幀＝白沢　正
Copyright © 2018 by S. Aonuma, R. Ikeda, & J. Hirano
Printed in Japan.
ISBN978-4-7795-1271-1
日本音楽著作権協会（出）許諾第 1803605-801 号

本書のコピー，スキャン，デジタル化等の無断複製は著作権法上の例外を除き禁じられています。本書を代行業者の第三者に依頼してスキャンやデジタル化することはたとえ個人や家庭内の利用であっても著作権法上認められていません。

ナカニシヤ出版◆書籍のご案内
表示の価格は本体価格です。

●[シリーズ]メディアの未来

❶メディア・コミュニケーション論
池田理知子・松本健太郎[編著]想像する力が意味を創造する――メディアが大きく変容している今,コミュニケーションとメディアの捉え方を根底から問い,対話の中から読者を揺り動かす。　　　　　　　　　　　　　　　　　2200円+税

❷.1メディア文化論[第2版]　想像力の現在
遠藤英樹・松本健太郎・江藤茂博[編]多様な形態のメディアが発達を遂げた現在,私たちをとりまく文化はどう変容しているのか。好評書の改訂版。　2400円+税

❸メディア・リテラシーの現在　公害／環境問題から読み解く
池田理知子[編著]螺旋状に広がる沈黙の輪を絶つ――3.11以後,根底から揺らぐメディアと私たちの関係を,公害／環境問題を軸に問い直し,新たな対話の地平を拓く。　　　　　　　　　　　　　　　　　　　　　　　　　　　2400円+税

❹観光メディア論
遠藤英樹・寺岡伸悟・堀野正人[編著]観光とメディアの未来を探る――モバイルメディアの発展や文化の変容に伴い,揺れ動くメディアと観光の不思議な関係を,やさしく読み解き,未来を探る。　　　　　　　　　　　　　　　2500円+税

❺音響メディア史
谷口文和・中川克志・福田裕大[著]音の技術と音の文化が交差する――19世紀から現代に至るまで,音のメディアは,どう変容したのか? その歴史を詳らかにし,技術変化と文化の相互作用を論じる。　　　　　　　　　　　　　2300円+税

❻空間とメディア　場所の記憶・移動・リアリティ
遠藤英樹・松本健太郎[編著]空間の意味と可能性を問い直す――テーマパーク,サイバースペース,境界,風景,デジタル地図,震災,祭,観光,鉄道……多様な切り口から現代の「空間」を読みほぐす。　　　　　　　　　　　2700円+税

❼日常から考えるコミュニケーション学　メディアを通して学ぶ
池田理知子[著]立ち止まり,考えて,振り返る――私たちと他者とをつなぐ「メディア」の分析を通して,コミュニケーション学とは何かを学ぶ。　　2000円+税

❽メディア・コンテンツ論
岡本　健・遠藤英樹[編]越境するコンテンツを捉える――現代社会に遍在し氾濫するメディア・コンテンツを理論的,実務的視点から多角的に読み解く。
　　　　　　　　　　　　　　　　　　　　　　　　　　　　　　2500円+税

❾記録と記憶のメディア論
谷島貫太・松本健太郎[編]何かを記憶し思い出す。その多様な営為の実践に迫る――記憶という行為がもつ奥行きや困難さ,歴史性,そしてそれらの可能性の条件となっているメディアの次元を考える。　　　　　　　　　　　　　2600円+税